Heribert Prantl
Verdächtig

EUROPA
VERLAG

Heribert Prantl

Verdächtig

Der starke Staat
und die Politik der
inneren Unsicherheit

Europa Verlag
Hamburg · Wien

Für Anna und Nina

Die Deutsche Bibliothek – CIP-Einheitsaufnahme
Ein Titelsatz für diese Publikation ist bei
Der Deutschen Bibliothek erhältlich.

Erstausgabe
© Europa Verlag GmbH Hamburg, Mai 2002
Lektorat: Aenne Glienke
Umschlaggestaltung: Kathrin Steigerwald, Hamburg
Foto: Max Burchartz, bpk Berlin
Druck und Bindung: Wiener Verlag, Himberg bei Wien
ISBN 3-203-81041-7

Informationen über unser Programm erhalten Sie beim
Europa Verlag, Neuer Wall 10, 20354 Hamburg
oder unter www.europaverlag.de

Inhalt

Prolog

Man nannte ihn Rechtsstaat

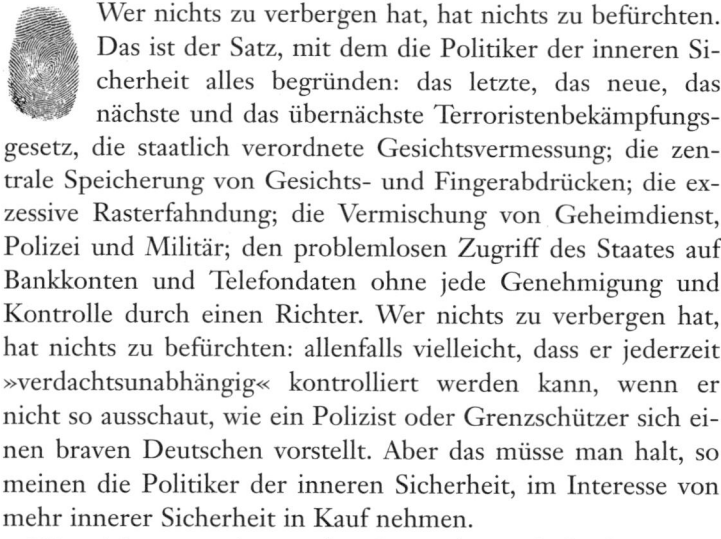 Wer nichts zu verbergen hat, hat nichts zu befürchten. Das ist der Satz, mit dem die Politiker der inneren Sicherheit alles begründen: das letzte, das neue, das nächste und das übernächste Terroristenbekämpfungsgesetz, die staatlich verordnete Gesichtsvermessung; die zentrale Speicherung von Gesichts- und Fingerabdrücken; die exzessive Rasterfahndung; die Vermischung von Geheimdienst, Polizei und Militär; den problemlosen Zugriff des Staates auf Bankkonten und Telefondaten ohne jede Genehmigung und Kontrolle durch einen Richter. Wer nichts zu verbergen hat, hat nichts zu befürchten: allenfalls vielleicht, dass er jederzeit »verdachtsunabhängig« kontrolliert werden kann, wenn er nicht so ausschaut, wie ein Polizist oder Grenzschützer sich einen braven Deutschen vorstellt. Aber das müsse man halt, so meinen die Politiker der inneren Sicherheit, im Interesse von mehr innerer Sicherheit in Kauf nehmen.

Wer nichts zu verbergen hat, hat nichts zu befürchten: Der Satz stimmt nicht. Die Gesamtschau der Sicherheitsgesetze ergibt nämlich: Nicht nur die bisherigen Mauern zwischen Geheimdienst und Polizei werden eingerissen, sondern auch die Mauern zwischen Unschuldigen und Schuldigen, zwischen Verdächtigen und Unverdächtigen. Bisher hat das Recht hier sehr genau unterschieden. Das bedeutet: Künftig muss ein Bürger beweisen, dass er *nicht* gefährlich ist. Das ist der Geist des neuen Präventionsstaats. Für den neuen Staat der großen Sicherheitspakete ist jeder Einzelne ein Risikofaktor. Jeder muss sich daher gefallen lassen, dass er, ohne irgendeinen konkreten Anlass dafür gegeben zu haben, »zur Sicherheit« kontrolliert wird. Bislang war das umgekehrt: Wer keinen Anlass für staatliches Eingreifen gegeben hatte, wurde in Ruhe gelassen. Jeder konnte also durch sein eigenes Verhalten den Staat auf Distanz halten. Man nannte das: Rechtsstaat.

Man wird sich irgendwann die Frage stellen, wann der Rubikon überschritten worden ist. Es könnte gut sein, dass die Antwort dann lautet: am 14. Dezember 2001. An diesem Tag verabschiedete der Deutsche Bundestag, nach einem hektischen Verfahren, das den Namen Gesetzgebung kaum verdiente, das sogenannte Anti-Terrorismusgesetz – die deutsche Reaktion auf die Anschläge in New York und Washington.

14. Dezember 2001: Dieser Tag markiert, mit einer Kaskade von Sicherheitsgesetzen, die Gründung eines neuen Staatstypus – des Präventionsstaates, der seine Bürger, um Sicherheitsrisiken zu minimieren, massiven Misstrauens- und Überwachungsmaßnahmen aussetzt, die auf keinem konkreten Verdacht beruhen. Es handelt sich um die Entrechtung des bisher gewohnten Rechts, die sich aber schon seit den RAF-Zeiten angekündigt hat.

Es gehört zu den natürlichen Reaktionen auf monströse Verbrechen, dass die innere Sicherheit ins Wanken gerät: die innere Sicherheit der Bürger darüber nämlich, ob die Gesetze auch wirklich so sind, wie sie sein sollen. Ob die Bürger ihre Sicherheit leidlich wieder gewinnen, hängt nicht zuletzt davon ab, wie die Politiker der inneren Sicherheit auf diese innere Verunsicherung reagieren. Geben sie der Versuchung nach, mit ein paar markigen Parolen den Gesetzgeber zu neuen quantitativen Höchstleistungen anzutreiben, dann schaffen sie nicht Sicherheit, sondern weitere Unsicherheit – weil sie die Verunsicherten in ihrer Verunsicherung und in ihrer Angst bestärken. Genau das haben die Politiker der inneren Sicherheit nach den Attentaten vom 11. September 2001 getan.

Immer wenn es Nacht wird, lässt man in Deutschland die

Heribert Prantl

Rollläden herunter. Ähnlich mechanisch reagiert die deutsche Politik: Immer wenn was passiert, produziert man ein Sicherheitspaket. Es herrscht mittlerweile der Ehrgeiz, das in Rollladengeschwindigkeit zu machen. Man zieht kräftig am Gurt, und das Ding knallt herunter. So hat das die Politik zu Zeiten des RAF-Terrorismus gelernt, und so praktiziert sie es heute. Es geht immer schneller, und die Sicherheitspakete werden immer größer. Würde man alle Sicherheitspakete, die der Gesetzgeber in den vergangenen 25 Jahren geschnürt hat, vor dem Deutschen Bundestag aufstapeln, man könnte damit, wie mit gewaltigen Legosteinen, das Brandenburger Tor nachbauen. Der Gesetzgeber hat Sicherheitspakete produziert, als kosteten sie nichts.

Und in der Tat, oft war dies auch so. Der Preis war nur ein Abbau an Rechtsstaatlichkeit – aber den spürt man nicht sofort. Kaum je ist geprüft worden, ob sich Sicherheitsgesetze auch bewährt haben, kaum je hat eine Erfolgskontrolle stattgefunden. Stattdessen galt und gilt das Motto: noch mehr vom immer Gleichen.

Man kann das immer weiter machen. Man kann die Rechte der Geheimdienste immer weiter ausweiten, man kann das Strafrecht und das Polizeirecht auflösen in einem einheitlichen Recht der inneren Sicherheit, das nicht mehr unterscheidet zwischen Schuldigen und Unschuldigen, das keine Verdächtigen und Unverdächtigen mehr kennt, sondern nur noch potenzielle Störer. Solche Maßlosigkeit verträgt sich aber nicht mit einem freiheitlichen Rechtsstaat. In einem maßlosen Staat gibt es vielleicht mehr Sicherheit, dafür aber immer weniger Freiheit.

Kapitel 1

Gesetze zur Banalisierung der Grundrechte

 Wenn eines Tages Polizeibeamte vor Ihrer Tür stehen, um sich in Ihrer Wohnung umzusehen, dann werden Sie fragen, ob es einen Durchsuchungsbefehl oder wenigstens einen Verdacht gegen Sie gibt. Die Beamten werden antworten, dass man so etwas nicht mehr bräuchte – weil man neuerdings jedermann auch ohne Verdacht zum Zweck der »vorbeugenden Kriminalitätsbekämpfung« kontrollieren dürfe. Dann werden Sie sagen: Das gibt es doch nicht! Und damit haben Sie (derzeit) noch recht – wenn es um Ihre Wohnung geht.

Wenn Sie aber im Zug oder auf Bahnhöfen kontrolliert und nach Ausweis und Gepäckinhalt gefragt werden, dann werden Sie von den Beamten schon jetzt genau dies zu hören bekommen. Der Bundestag hat nämlich 1998 die Erweiterung der Befugnisse des Grenzschutzes beschlossen: Die Beamten dürfen im Zug jedermann ohne jeden Verdacht kontrollieren. Der damalige Bundesinnenminister Manfred Kanther (CDU) bagatellisierte diese Eingriffe. Es breche doch niemand ein Zacken aus der Krone, so wiegelte er ab, wenn man der Polizei sagen müsse, wie man heißt. Doch die Verfassung schützt auch vor lästigen Befragungen und erst recht vor verdachtsunabhängigen Kontrollen und Durchsuchungen. Das Grenzschutzgesetz von 1998 ist ein Gesetz zur Banalisierung der Grundrechte.

Heribert Prantl

Kontrolle, jederzeit

Sie haben nicht immer Ihren Ausweis dabei? Das ist zwar nicht Pflicht, aber trotzdem schlecht, jedenfalls wenn Sie mit der Eisenbahn unterwegs sind. Dort kann nämlich mit dem Schaffner, der die Fahrkarte kontrolliert, der Beamte vom Bundesgrenzschutz kommen. Der darf Sie (ohne jeden Anlass) kontrollieren. Der darf Ihr Gepäck inspizieren. Der darf Sie, wie gesagt, wenn Sie sich nicht ausweisen, am nächsten Bahnhof aus dem Zug bugsieren, um Sie bis zur Feststellung Ihrer Identität festzuhalten. Wenn Sie dann zu spät zu Ihrem Termin kommen? Dann können Sie, so Sie die Energie haben, eine sogenannte Feststellungsklage erheben: Sie versuchen, feststellen zu lassen, dass die Aktion rechtswidrig war (mit dem Risiko, dass der Richter Sie abweist, weil das Ganze ja schon vorbei sei, also kein rechtliches Interesse mehr an einer solchen Feststellung bestünde).

Keine Grenzen für den Grenzschutz: Die Politiker, die dem Bundesgrenzschutz polizeiliche Aufgaben übertragen und ihm, noch weit darüber hinausgehend, das Recht auf verdachtsunabhängige Kontrollen gegeben haben, rechtfertigen dies so: Es sei doch nichts dabei, den Ausweis zu zeigen oder hilfsweise Angaben zur Person zu machen, die dann per Computer überprüft werden. Wer Angaben verweigere (zum Beispiel weil er nicht im Computer gespeichert werden will) und wer die Beamten nicht ins Gepäck schauen lasse – der sei ja allein deswegen schon verdächtig ...

Bis 1998 gab es grundsätzlich ein Recht auf Anonymität. Dieser Grundsatz existiert nicht mehr. Die jederzeitige Kontrolle unverdächtiger Personen und die Ausweispflicht waren zuletzt (die Zeit der Dikatur ausgenommen) im preußischen Polizeirecht von 1850/51 vorgesehen: Kein Ausweis – Festnahme! Damals galt das freilich nur im Belagerungs- und Ausnahmezustand. Heute gilt das im Reisealltag. Wenn also die Polizei eines Tages in Ihrer Wohnung steht, um sich »einfach so« umzusehen, und Sie sich fragen, wann diese rechtsstaatliche Verfinsterung begonnen hat, dann gibt es auch dafür ein Datum: 25. Juni 1998, Bundesgrenzschutzgesetz.

Sicherheit XXL

Verglichen mit dem Sicherheitspaket, das der Bundestag am 14. Dezember 2001 verabschiedete, waren freilich die bisherigen Pakete lediglich Päckchen. Diesmal also XXL: neue umfangreiche Kompetenzen für die Geheimdienste; noch mehr Überwachung auch von unbescholtenen Leuten, die davon in der Regel nichts erfahren; noch ein paar große Löcher mehr in der grundgesetzlich gewährleisteten Rechtsschutzgarantie, im Datenschutz, im Post- und Fernmeldegeheimnis; noch etliche Verschärfungen im Vereins-, im Ausländer- und Asylrecht; noch ein paar Zugaben zum Lausch- und Spähangriff; neue ungebundene Ermittlungskompetenzen für Geheimdienste und Bundeskriminalamt. Und: Der Gesetzgeber erlaubt die biometrische Vermessung und Verformelung der Menschen zu Zwecken der Identitätsfeststellung.

Mehr Sicherheit durch weniger Grundrechte? 1968, im Zuge der Notstandsgesetze, war das Post- und Fernmeldegeheimnis erstmals stark eingeschränkt und die Rechtsschutzgarantie verbogen worden – weil nicht die Justiz, sondern ein parlamentarischer Ausschuss Geheimdienstaktionen und Grundrechtseingriffe (notdürftig) kontrolliert. Damals wurde den Geheimdiensten erstmals ein Lauschangriff erlaubt, den im Jahr 1970 das Bundesverfassungsgericht knapp passieren ließ. In der damals von drei Richtern veröffentlichten abweichenden Meinung findet sich aber der Satz: »... ob der mit der Verfassungsänderung vollzogene erste Schritt auf dem bequemen Weg der Lockerung der bestehenden Bindungen nicht Folgen nach sich zieht, vermag niemand vorherzusagen.« Diese vorsichtige Warnung war eine prophetische Warnung. Seit diesem Urteil von 1970 wurde das Abhören beständig ausgeweitet, explodierten die Überwachungszahlen. Deutschland ist unter den demokratischen Staaten Weltmeister beim staatlichen Abhören von

　　　　　　　　　　　　Heribert Prantl

Telefonen. Die Bundesregierung räumt die Überwachung von jährlich über 1,4 Millionen (!) Telekommunikationsverbindungen ein. Das alles genügt offenbar noch nicht. In der Politik der inneren Sicherheit ist nämlich vor allem eines sicher: Sie will mehr Sicherheit mit immer mehr vom immer Gleichen erreichen – bis schließlich, in Zeiten besonderer Bedrohung und terroristischer Anschläge, der Grundrechtsbestand panisch in Frage gestellt wird, weil man sich an laufende Eingriffe ohnehin schon gewöhnt hat.

»Wenn dich deine Hand zum Bösen verführt, dann hau sie ab ... Oder wenn dein Fuß dich zum Bösen verführt, dann hau ihn ab ... Oder wenn dich dein Auge verführt, dann reiß es aus ...« Die Bundesregierungen betreiben seit vielen Jahren Rechtspolitik nach diesem Rezept des Evangelisten Markus (Kapitel 9, 43 ff.): Rechte, die ein Ärgernis geben, werden abgeschlagen und ausgerissen. Und begründet wird das dann so: Nur auf diese Weise sei der Missbrauch dieses Rechts zu verhindern. Die Politiker der inneren Sicherheit arbeiten also nach dem Amputationsprinzip. Immer dann, wenn der Rechtsstaat echt oder vermeintlich leidet, wird ein Recht amputiert – um so, angeblich, den Rechtsstaat wieder zu heilen. Mittlerweile hat man sich an diese Methode schon so gewöhnt, dass Amputationen auch im Bereich der Grundrechte immer sorgloser vorgenommen werden. Der Bürger ist arglosauch bei ihn persönlich treffenden chirurgischen Eingriffen. Zu viel Grundrecht, so heißt es, fördere eh nur das Unrecht. Man schneidet also dem Patienten der Reihe nach die Gliedmaßen weg mit der Begründung, dass das, was weg ist, auch nicht mehr weh tun könne.

Kapitel 2

Die globale bleierne Zeit

Terror verändert die Gesellschaft. Terror macht Angst. Angst ist die Triebfeder des Kriegs – auch für den Krieg im Inneren. Der Terror in New York und Washington hat in Deutschland »Deutsche Herbst«-Gefühle wieder geweckt. Die Jahre, in denen die BRD nicht mehr aus noch ein wusste, waren tief versunken in der Geschichte der Republik. Nach dem 11. September 2001 waren sie wieder da. Innere Sicherheit war schon im Kampf gegen die RAF zu einem Wert geworden, der nicht nur mit gewöhnlichen, sondern auch mit außergewöhnlichen Mitteln verteidigt werden darf. Das wiederholt sich nun verschärft im globalen Maßstab. Damals sprach man in Deutschland von der bleiernen Zeit: Bleiern – das war ein Wort der Trostlosigkeit, der Rat- und Hilflosigkeit in einem Klima von Angst und Hysterie. Nie zuvor war der Rechtsstaat Bundesrepublik so herausgefordert und in so elende Verunsicherung gestürzt worden wie beim RAF-Attentat auf Hanns-Martin Schleyer, nie zuvor hatte er so schnell und so panisch aufgerüstet. Sätze, wie sie damals in Deutschland gebräuchlich waren, kehrten im Herbst 2001 aus den USA wieder: In der Reaktion auf den Terror sollte auch das bisher Undenkbare gedacht und gewagt werden. Den »kühlen Kopf trotz unseres Zorns«, den der deutsche Bundeskanzler 1977 gefordert hat, gab es weder damals noch im Jahr 2001, nach den Attentaten von New York und Washington. Es hätte wohl auch wenig geholfen, wenn die deutsche Politik diesen kühlen Kopf diesmal, der eigenen Terror-Erfahrungen wegen, gehabt hätte – weil die Amerikaner ohnehin den weit größeren Kopf haben und der ist hitzig. Bismarck hat seinerzeit das Attentat auf Wilhelm I. benutzt, um den Liberalen in Deutschland den Garaus zu machen. Die Attentate in den USA könnten dazu führen, dass in der westlichen Welt der Liberalität der Garaus gemacht wird. Liberalität korrespondiert stets mit Selbstsicherheit. Eine Welt, die von Terror in Angst und Schrecken versetzt wird und sich daraus nicht befreit, ist jedoch ihrer selbst nicht mehr sicher.

Innere Unsicherheit und die Mechanismen der Angst

Angst ist eine Autobahn für Sicherheitsgesetze. Es gab viel Angst in den Wochen nach den Attentaten in New York und Washington. Die Angst waberte durch die Nachrichtensendungen; sie besetzte das Denken der Menschen; sie versorgte sich mit Gasmasken und Ciprobay; sie zog sich Latex-Handschuhe über die Finger und sie hielt Taubendreck für Anthrax. Der Radius des Formenkreises der Angst wuchs: Es gab die neue Flugangst, die Milzbrandangst, die Angst vor Biobomben und Giftanschlägen. Es gab eine regelrechte Lust an der Angst. Es gab die täglichen Angst-schür-Sendungen im Fernsehen mit der unendlichen Wiederholung der immer gleichen Nachrichten, die einige Milzbrandfälle multiplizierte, potenzierte, eine Epidemie daraus machte, gefährlicher als die Millionen-Opfer-Seuchen der Dritten Welt. Es gab die Angst vor Schläfern, vor dem Islam, dem Islamismus und der Scharia. Es gab eine neue Angst vor Zuwanderung, es gab eine ganz diffuse Angst vor dem Bösen überhaupt.

Der Mechanismus der Angst funktioniert wie eine riesige Orgel. Vor ihr sitzen ein oder mehrere Spieler, und dabei handelt es sich nicht nur um die Terroristen, es gibt eine Klaviatur mit vielen Registern, ein Windwerk und eine Windlade, welche die verdichtete Luft den Pfeifen zuleitet. Und wenn dann kräftig georgelt wird, erbebt und erschauert alles.

Und so kam es, dass seit dem 11. September das Sichere nicht mehr sicher ist. Das Grundvertrauen der Menschen in die Geborgenheit im Staat, das aller Kriminalitätsangst zum Trotz in Deutschland immer noch bestanden hat, ist erschüttert – und es ließ sich auch mit Bomben in Afghanistan nicht wieder stabilisieren. Die neue Dimension der Gefährlichkeit, von der die Politik unter der Chiffre »Organisierte Kriminalität« seit vielen Jahren geredet und gegen die sie seit vielen Jahren Gesetz um Gesetz produziert hatte, gewann im islamistischen Terrorismus Gestalt. In dieser Situation warb die Politik der inneren Sicherheit leider nicht um Vertrauen in die Sicherheitskompetenz des Staates. Sie versprach nicht, dessen Ressourcen zu aktivieren und seine starken Seiten zu zeigen. Im vermeintlichen Bestreben, dem Bürger wieder Sicherheit zu geben, stellte sie die bisherige Sicherheitsarchitektur in Frage.

Papst Urban VIII. hat einst das römische Colosseum zum öffentlichen Steinbruch erklärt. Die Politiker der inneren Sicherheit machen dasselbe mit der Strafprozessordnung und den Prinzipien des freiheitlichen Rechtsstaats. Sie brechen große Brocken aus dem geltenden Recht, um aus den Trümmern das neue Sicherheitsgebäude zu errichten – die Festung Deutschland.

In der innenpolitischen Debatte wurde so getan, als könne mit diesem Staat, so wie er derzeit konstruiert und in etlichen demokratischen Jahrzehnten ausgebaut worden ist, nicht ausreichend für Sicherheit gesorgt werden. Die Opposition verlangte und verlangt noch mehr und noch größere Sicherheitspakete als die Bundesregierung sie ohnehin schon packte, und erweckte den Eindruck, als seien die neuen Sicherheitsmaßnahmen nur die Steine, mit denen die Zufahrt zu einem neuen Sicherheitsstaat gepflastert werden müsse. In diesem Sicherheitsstaat soll nicht nur die Trennung von Polizei und Geheimdienst aufgehoben werden, wie dies in den neuen Gesetzen ohnehin angelegt ist, es soll außerdem die strikte Trennung zwischen Polizei und Bundeswehr aufgehoben werden. Bundeswehreinsätze nicht nur zum Schutze der äußeren, sondern

Heribert Prantl

auch der inneren Sicherheit – darauf laufen die Forderungen der Union hinaus. Diese Trennung der exekutiven Gewalten gehört freilich bisher zu den rechtsstaatlichen Grundprinzipien, zu den Sicherungen der Bundesrepublik also. Es ist eine merkwürdige Art, für Sicherheit dadurch sorgen zu wollen, dass man auf die Sicherungen verzichtet. Da wird es nicht nur dem Elektriker mulmig. Und den Bürgern wird ein Gefühl vermittelt, das ihnen eigentlich doch genommen werden soll – innere Unsicherheit, Misstrauen in die Sicherheitskompetenz des Staates. Welch anderes Gefühl soll sich entwickeln, wenn die Politik der inneren Sicherheit darauf insistiert, fortwährend zu sagen, dass die Gesetze hinten und vorn nicht ausreichen? Und wenn dies bei allernächster Gelegenheit wieder und wieder und wieder behauptet wird ... Es ist wie bei einer Rakete: Der Terror zündet eine neue Stufe des starken Staates. Den islamistischen Terroristen ist es in kürzester Zeit gelungen, das Denken der westlichen Welt zu erobern. Das ist ihr größter, ihr anhaltendster Erfolg.

Fundamentalgewissheiten – nicht mehr gewiss

Der Guerillero besetzt das Land, der Terrorist besetzt das Denken. Die Terroristen sind nach dem 11. September nicht, wie befürchtet, in Atomkraftwerke und Wasserversorgungsanlagen eingedrungen; nicht dort haben sie Unheil angerichtet und Verderben über das Land gebracht. Sie tun es auf andere, subtil-gefährlichere Weise: Sie haben sich der Schaltzentralen der westlichen Demokratien bemächtigt; sie beherrschen die Apparate und Braintrusts, in denen Recht produziert wird; sie verseuchen den Geist der Gesetze. Überall, in Washington, London, Paris und Berlin, werden vergiftete Paragraphen und Gesetzesartikel produziert. Die rechtsstaatlichen Grundprinzipien werden geopfert, die Strafverfolgung verkommt zur Inlandsspionage.

Die bisherigen Fundamentalgewissheiten sind nicht mehr gewiss: die Öffentlichkeit des Strafverfahrens, die Trennung von Sicherheitsbehörden und geheimen Sicherheitsdiensten, die alsbaldige Kontrolle von Verhaftungen und sonstigen Grundrechtseingriffen durch unabhängige Richter, das Recht auf Akteneinsicht, das Recht auf freie Wahl eines Verteidigers, die öffentliche Beweisführung, der Grundsatz »im Zweifel für den Angeklagten«, die Gleichheit vor dem Gesetz, das Verbot bestimmter Vernehmungsmethoden, der Grundsatz des fairen Verfahrens, die Genfer Konvention über die Behandlung von Gefangenen. Weltweit wird damit begonnen, all das unter Vorbehalt zu stellen. Der Vorbehalt lautet: Der rechtsstaatliche Katalog ist schön und gut – aber nur solange er die Bekämpfung des Terrorismus nicht behindert.

Am weitesten geht dabei die US-Regierung. Die Fahndungs-, Justiz- und Einwanderungsbehörden, so hatte es in den USA Justizminister John Ashcroft schon kurz nach den Terroranschlägen angekündigt, werden »mobilisiert und unter Kriegsbedingungen reorganisiert«. Die Trennung von polizeilichen und geheimdienstlichen Ermittlungen wurde praktisch aufgehoben, das Abhören von Telefonen ist kinderleicht geworden. 1200 Araber wurden in Gefängnissen festgesetzt, ohne dass sich jemand dazu erklärte, was ihnen vorgeworfen wird. 5000 arabische Muslime wurden verhört, gegen die hauptsächlich die Erkenntnis vorlag, dass es sich um arabische Muslime handelt. Die Grundsätze des aufgeklärten Strafverfahrens stehen unter Kriegsvorbehalt, das heißt: Verdächtige Ausländer bleiben ohne Anklage inhaftiert, falls der Justizminister »eine Gefahr für die Sicherheit der Nation« ausmacht.

Wer in den Dunstkreis des Terrorismus gerät, ist nahezu vogelfrei. Vogelfrei – das war im Mittelalter der friedlose Straftäter, über den die Reichsacht verhängt war. Niemand durfte ihn unterstützen, beherbergen, ernähren, er war aus der Rechts- und Friedensgemeinschaft ausgeschlossen, der Verfolgung durch jedermann preisgegeben. Letztmals im Jahr 1698 hat in Deutschland das Reichsgericht zu Wetzlar offiziell die Reichsacht verhängt. In den USA ist sie wieder eingeführt: Acht, Bann und Rechtlosigkeit für verdächtige Ausländer. Per

Heribert Prantl

präsidialer Order hat Bush es ermöglicht, vermeintliche Terroristen und deren Helfer von geheimen Militärtribunalen aburteilen zu lassen, die der Verteidigungsminister einsetzt und die tagen können, wo immer sie wollen: im Pentagon, in einer afghanischen Höhle oder auf einem Schiff im Pazifik. Es richten Offiziere in Uniform, und für ein Todesurteil reicht es, wenn zwei von drei Offiziersrichtern die Schuld für erwiesen halten. Rechtsmittel gibt es nicht.

Auf dem US-Stützpunkt Guantanamo in Kuba werden den inhaftierten Taliban-, als auch den Al-Kaida-Kämpfern die Garantien der internationalen Abkommen verweigert, insbesondere der Genfer Konvention Nr. III aus dem Jahr 1949; und auch auf internationalen Druck hin ließen sich die Amerikaner nur herbei, den Taliban »gewissse Rechte« als Mindestschutz zukommen zu lassen, keinesfalls aber die vollen Rechte von Kriegsgefangenen, wie sie Regierungstruppen gemäß dem Genfer Recht zustehen. Die Bilder von gefesselten Muslimen, die nach Verhören auf Pritschen geschnallt und zwischen Stacheldrahtverhauen hindurch zu ihren Drahtzwingern gekarrt werden, verhöhnen die westlichen Werte, die man angeblich in Afghanistan verteidigen wollte. Und jenseits aller rechtlicher und moralischer Erwägungen verstoßen solche Szenen gegen eine Grundregel kluger Kriegsführung: Demütige nie einen geschlagenen Feind. Damit stärkt die Regierung in Washington die Kräfte des Hasses, die sie überwinden wollte.

Der Völkerrechtler Christian Tomuschat schreibt dazu in der *Europäischen Grundrechte Zeitschrift* vom 31. Dezember 2001: »Es wäre fatal, wenn die USA, die ausgezogen sind, einen durch terroristische Gewaltanwendung begangenen schweren Rechtsbruch zu bekämpfen, sich nun ihrerseits eines schweren Rechtsbruchs durch Verweigerung essentieller Prozessgarantien zeihen lassen müssten ... Gerade der Westen, der von sich glaubt, das Recht und die Gerechtigkeit auf seiner Seite zu haben, sollte aber alles vermeiden, was dem Gedanken einer für alle Staaten gleichen und für sie verbindlichen völkerrechtlichen Ordnung bleibenden Schaden zufügen könnte«.

Terroristen hätten den Schutz durch die US-Verfassung nicht verdient, erklärt US-Vizepräsident Dick Cheney. Es handelt sich bei alledem offenbar um die amerikanische Variante der Scharia. Oliphant, der beliebteste Karikaturist des Landes, setzt dem Justizminister deshalb einen Turban auf und nennt ihn »Mullah Ashcroft«.

Ähnlich ist es in England: Ausländer sollen, wenn Polizei oder Geheimdienste sie terroristischer Verbindungen verdächtigen, beliebig lange festgehalten werden können – wenn nur der Innenminister die Verfügung alle sechs Monate bestätigt. Das widerspricht nicht nur dem Artikel 5 der Europäischen Menschenrechtskonvention, sondern auch der englischen Magna Charta aus dem Jahr 1215.

Die Kosten des Frühwarnsystems

In Deutschland haben 1968 Hunderttausende gegen die sogenannten Notstandsgesetze demonstriert. Diesen Namen verdienen die deutschen Sicherheitspakete des Jahres 2001 wirklich. Sie gelten nicht, wie damals, 1968, für einen ungewissen, in der Zukunft liegenden Fall. Sie gelten unmittelbar, sofort und ohne Eintritt einer weiteren Bedingung. Was im Kampf gegen die RAF begonnen wurde, wird mit diesen Gesetzen offensiv fortgesetzt. Der Bielefelder Rechtsprofessor Christoph Gusy hat bei der Sachverständigen-Anhörung im Innenausschuss des Bundestages am 30. November 2001 anschaulich beschrieben, wie die Sicherheitsgesetze das deutsche Recht verändern: »Es geht nicht primär um die Verfolgung begangener Straftaten. Es geht auch nicht um die Verhinderung einzelner krimineller Handlungen. Vielmehr geht es um die Etablierung eines Frühwarnsystems bei der Erkennung auch weiter entfernter Risiken.« Dabei werden Mittel und Methoden angewandt, wie sie bisher nur gegen Verdächtige erlaubt waren. »Es entsteht«, so konstatiert Gusy, »die Notwendigkeit eines hohen Maßes an Überwachung für ein relativ geringes Maß an Ertragschancen.« Das betrifft zum Beispiel den Bank- und

Heribert Prantl

Telefonverkehr: Den Terrorfahndern wird erlaubt, dort freihändig einzugreifen – wobei als Terror auch jedwede Förderung und Unterstützung gilt.

In den USA gilt der Tatbestand des Terrorismus schon dann als erfüllt, wenn »durch Einschüchterung oder Zwang das Verhalten der Regierung beeinflusst wird oder wenn gegen Maßnahmen der Regierung zurückgeschlagen wird«. Nach dieser Beschreibung könnte der Staat auch gegen aktivistische Tierschützer, gegen Organisationen wie Greenpeace oder gegen sogenannte Globalisierungsgegner als Terroristen vorgehen. In den neuen deutschen Sicherheitsgesetzen funktioniert das schon so ähnlich, wenn es gegen Ausländer geht: Da reichen Vermutungen, da reicht ein vager Verdacht, da werden Fälle allgemeiner Kriminalität mit Terror gleichgesetzt. Die Folge: Sofortige Ausweisung und Abschiebung.

Als 1956 die Kommunistische Partei Deutschlands vom Bundesverfassungsgericht verboten worden war und im Anschluss Zehntausende von Strafverfahren gegen echte und angebliche Kommunisten geführt wurden, wies der damalige Stuttgarter Generalstaatsanwalt Richard Schmid warnend darauf hin, worin das »Wesen einer Diktatur« bestehe: Sie verlege die Abwehr ihr feindlicher Tendenzen weit nach vorne, nämlich »in Rechtssphären, die in einem freien Staat durch Individualrechte gesichert« seien. Und »gerade diejenige Staatsform« sei »die vollkommenste Diktatur, die diese Vorverlegungen am vollkommensten« zustande bringe. Derzeit herrscht in den Staaten des Westens ein Wettstreit um »die vollkommenste Diktatur«.

Die Geschichte kennt viele Beispiele für Opferkulte, die ein Unglück abwenden sollten: Es gab Menschenopfer, Gabenopfer, Sühneopfer, Speise- und Brandopfer. Opfern bedeutete, auf etwas zu verzichten, was hernach schmerzlich vermisst wurde. Die westlichen Demokratien opfern ihre Rechtsgrundsätze. Aber ihre Politiker machen dabei nicht den Eindruck, als würden sie diese schmerzlich vermissen.

Kapitel 3

Der Terrorist als Gesetzgeber
Teil 1: RAF

 Früher gab es einmal im Jahr einen sogenannten Probealarm, also einen Testlauf aller Sirenen. Der Alarm wurde von den Zeitungen, samt Erklärung der Alarmtöne, angekündigt. »Luftalarm«: ein ununterbrochener gleich bleibender Heulton von einer Minute Dauer. »ABC-Alarm«: ein zweimal unterbrochener sich steigernder auf- und abschwellender Heulton auch von einer Minute. Dieser jährliche Alarm ist Anfang der neunziger Jahre, nach Auflösung des Warschauer Pakts, abgeschafft worden. Viele der Sirenengeräte wurden abgebaut. Hätte es sie am 11. September 2001 noch gegeben und hätte man damit Alarm geben wollen – man hätte nicht gewusst, mit welchem Heulton: Die Bedrohung durch terroristische Islamisten ist so anders als die Bedrohung, gegen die sich der Westen zu Zeiten des Kalten Kriegs gerüstet hat. Die Fernsehbilder vom 11. September haben immer und immer wieder vor Augen geführt, was man insgeheim geahnt hatte: wie angreifbar die moderne Zivilisation außerhalb globaler Kriege ist.

Vielleicht hat man in der Zeit nach dem 11. September – auch in Deutschland – so oft von einer »Kriegserklärung« der Terroristen, vom »Kriegszustand«, in dem man sich befinde, und vom »Krieg«, den man führen müsse, geredet und geschrieben, weil »Krieg« die Kategorie ist, die traditionell maximale Gefahr bezeichnet. Zu RAF-Zeiten hatte es die deutsche Politik noch strikt abgelehnt, das Vokabular der Terroristen zu übernehmen, die den »Krieg gegen das System« propagierten und daher vom Staat als Kombattanten behandelt werden wollten. Der Staat betrachtete die RAF-Mitglieder, bei aller Hysterie, letztlich doch als Straftäter, wenn auch einer ganz besonders gefährlichen Art.

Mohammed Atta und die Pfarrhäuser

34 Menschen wurden von der RAF ermordet, 3500 kamen bei den Attentaten der islamistischen Terroristen in New York und Washington ums Leben. Es gibt neben den Mordziffern andere wichtige Unterschiede zwischen den Terroristen von damals, die in Deutschland gemordet, und denen von heute, die zum Teil in Deutschland gelebt und in den USA gemordet haben: Die RAF-Terroristen waren nicht fremd, sie hießen nicht Mohammed Atta oder Marwan al-Shehhi, sie waren nicht aus Ägypten oder Saudi-Arabien, sondern entstammten deutschen Pfarrhäusern und Professorenhaushalten. Verfolger und Verfolgte zu RAF-Zeiten kamen mehr oder minder aus der gleichen Welt; man wusste, mit wem man es zu tun hatte. Bei den islamistischen Terroristen ist das anders. Man weiß wenig über sie, und weil man so wenig weiß, ist zwar einerseits das Raster der Rasterfahndung viel gröber, dafür aber das Netz der neuen Gesetze, das über das Land geworfen wird, viel engmaschiger.

Die beiden Anti-Terror-Pakete, die Ende 2001 von Bundesinnenminister Otto Schily, dem früheren RAF-Verteidiger, hastig geknüpft und von Bundestag und Bundesrat ebenso hastig verabschiedet worden sind, übersteigen sowohl quantitativ als auch qualitativ die Verschärfungen der RAF-Zeit um ein Vielfaches. Schily selbst spricht von einem »epochalen Werk« – und damit hat er sogar Recht, weil seine neuen Gesetze die bisher in Deutschland geltende Sicherheitsordnung grundlegend verändern. Diese Gesetze bringen nicht nur mehr Überwachung – sie leiten die Verschmelzung der Aufgaben und Kompetenzen von Polizei und Geheimdiensten ein. Und: sie steigern den berühmten Leninschen Komparativ »Vertrauen ist gut, Kontrolle ist besser« um den Superlativ: »Misstrauen ist das Beste«.

Das Misstrauen richtet sich gegen den Bürger. Der Bürger, dies ist der legislative Gehalt, kann den Staat nicht mehr durch Wohlverhalten auf Distanz halten. Sicherheit gilt nämlich, nach dem 11. September noch mehr als zuvor, als ein Wert, bei dem schon das bloße Versprechen das Prädikat »legislativ wertvoll« verdient. Die »Geeignetheit« und die »Verhältnismäßigkeit« der neuen Maßnahmen sind deshalb im Gesetzgebungsgang gar nicht mehr lang überprüft worden. Ohne RAF wäre eine solche Gesetzgebung nicht möglich gewesen; damals, im deutschen Herbst von 1977, wurde der Boden für eine solche Gesetzgebung bereitet.

Wie die RAF das Strafrecht verändert hat

Die RAF-Jahre haben das rechtspolitische und sicherheitspolitische Klima in Deutschland grundlegend und nachhaltig verändert. In diesen Jahren hat sich das Land daran gewöhnt, dass nicht die Strafe, sondern die Gesetzesänderung der Tat auf dem Fuße folgt. In diesen Jahren begann die professionelle Deformation der Politik, in diesen Jahren begann die Materialermüdung des Rechtsstaats. In diesen Jahren begann man sich daran zu gewöhnen, dass Rechtsgrundsätze zur Disposition stehen, wenn man glaubt, dass der Staat ohne sie stärker dasteht. In diesen Jahren begann der Glaube daran, dass ein Staat dann ein starker Staat ist, wenn er Rechte abbaut und Gesetze verschärft.

Was hat die RAF erreicht? Der Terrorismus hat erreicht, was sein Name verspricht: Er hat entsetzlichen Schrecken verbreitet. 34 Menschen hat die RAF ermordet. Und mit ihrem Terror hat sie das deutsche Strafrecht, Strafprozessrecht und den Strafvollzug grundlegend verändert. Keine Verbrecher – die Nazis ausgenommen – hatten bis dahin so viel Einfluss auf Gesetzgebung, Justiz und Polizei wie die Mitglieder der RAF. Seit der RAF wird über innere Sicherheit in diesem Land anders

Heribert Prantl

diskutiert als vorher: Innere Sicherheit ist nämlich im Kampf gegen die RAF zu einem Wert geworden, der nicht nur mit gewöhnlichen, sondern auch mit außergewöhnlichen Mitteln verteidigt werden darf. Wenn man also wissen will, warum heute über die Organisierte Kriminalität und islamistischen Terrorismus so diskutiert wird, wie dies geschieht, dann muss man sich in die Geschichte der Bekämpfung der RAF vertiefen.

Das deutsche Strafrecht vor der RAF ist ein anderes Strafrecht als das deutsche Strafrecht nach der RAF. Nie zuvor hat eine Handvoll Straftäter den Gesetzgeber so herausgefordert. Und nie zuvor hat sich ein Gesetzgeber so herausfordern lassen. Der 5. September 1977 mit all seiner Brutalität ist in dieser Geschichte ein zentrales Datum: Um 17.28 Uhr begann mit der Entführung des Arbeitgeberpräsidenten Hanns-Martin Schleyer der sogenannte deutsche Herbst. In der Kölner Vincenz-Statz-Straße eröffneten die Attentäter der RAF das Feuer. Fünf Schüsse trafen den Fahrer Schleyers, Heinz Marcisz. Den Polizeimeister Roland Pieler trafen 21 Schüsse, 60 den Polizeihauptmeister Reinhold Brändle, 26 Schüsse den Polizeimeister Helmut Ulmer. Sie alle starben an Ort und Stelle. Schleyer wurde plangemäß entführt und nach dem vergeblichen Versuch der RAF-Anhänger, die Freilassung der in Stammheim inhaftierten Anführer zu erreichen, 43 Tage später ermordet. Nie zuvor und nie wieder nachher war der Rechtsstaat Bundesrepublik so herausgefordert und in so elende Verunsicherung gestürzt worden wie damals unter Bundeskanzler Helmut Schmidt.

Die Bundesrepublik Deutschland hat diese Herausforderung bestanden, aber der Preis dafür war hoch – die Bundesrepublik zahlt ihn bis heute. Sicherlich: Aus der Distanz von Jahrzehnten lässt sich leichter urteilen, lassen sich die Maßstäbe der Korrektheit und der Rechtsförmigkeit leicht anlegen. Wer das damals tat, geriet schnell in den Verdacht, ein Sympathisant zu sein – so erging es schon 1974 dem Berliner Bischof Kurt Scharf, der als »Baader-Meinhof-Bischof« abgekanzelt wurde. Mit dem Hinweis auf Haftbedingungen, Fahndungspraktiken und die katastrophale Prozessführung des damaligen Richters Prinzing in Stammheim hat die Sympathisantenszene von den RAF-Verbrechen abzulenken versucht. Die Szene hatte das scharfe, überzogene Verhalten auch provoziert, um den Rechtsstaat vorzuführen.

Ausnahmegesetze im nicht erklärten Ausnahmezustand

Das war der deutsche Herbst: Er war die Zeit der Ausnahmegesetze in einem nicht erklärten Ausnahmezustand. Über die eingesperrten Terroristen wurde eine totale Kontaktsperre verhängt. Bis heute gilt dieses Kontaktsperregesetz, demzufolge jedwede Verbindung von Gefangenen untereinander und mit der Außenwelt einschließlich des Verteidigers unterbrochen werden darf – und von dem Horst Herold, Chef des Bundeskriminalamts in jener bleiernen Zeit, sagt, es sei gefährlich und schädlich gewesen, weil seitdem kaum noch Erkenntnisse über das RAF-Umfeld gewonnen werden konnten.

Setzer und Metteure der Bundesdruckerei hatten damals ein besonderes Erlebnis: Sie mussten den Text eines Gesetzes in Druck geben, das zu diesem Zeitpunkt noch gar nicht beschlossen war, und sogar eine Unterschrift daruntersetzen (»gez. Scheel, Bundespräsident«), die erst am nächsten Tag geleistet wurde. Anders aber hätte das Gesetz nicht so schnell in Kraft treten können – am 1. Oktober 1977. Der Inhalt des Bundesgesetzblattes Nummer 66/1977 war knapp. Unter dem nichtssagenden Titel »Gesetz zur Änderung des Einführungsgesetzes zum Gerichtsverfassungsgesetz« wurden sieben Paragraphen veröffentlicht, die für den Laien schwer verständlich, für Juristen und Politiker aber von hoher Brisanz waren. Ihre Entstehungsgeschichte, die Entstehungsgeschichte des Kontaktsperregesetzes, ist für den Parlamentarismus in der Bundesrepublik ohne Beispiel. Kein zweites Mal in der bundesrepublikanischen Geschichte wurde ein so wichtiger Gesetzentwurf in solcher Geschwindigkeit durch die parlamentarischen Instan-

zen gepeitscht. Es war ein Blitzgesetz, ausgearbeitet vom damaligen Bundesjustizminister Hans-Jochen Vogel (SPD). Es
war ein erster Höhepunkt eines ganzen Bataillons von Gesetzen zur Bekämpfung des Terrorismus.

Ein Jahr später, im nächsten Anti-Terror-Gesetz, wurden die
Trennscheiben im Gespräch zwischen Verteidiger und Be-
schuldigtem eingeführt, die Gründe für den Ausschluss eines
Verteidigers erweitert, die Durchsuchung von Wohnungen er-
leichtert, Kontrollstellen zur Personenidentifizierung eingerichtet und ein weiteres Jahr darauf die Beweisverfahren im
Strafprozeß vereinfacht. Die Zwangsmittel der Strafverfolgungsbehörden wurden rasch ausgebaut, und zwar so, dass sie
mehr und mehr auch völlig Unschuldige mit einbezogen. Der
Zugriff auf Unbeteiligte wurde im Zuge dieser Ermittlungs-
maßnahmen (Telefonüberwachung, Raster- und Schleppnetz-
fahndung, Observation) die Regel. Was als Quasi-Notstands-
recht zur Bekämpfung der RAF begonnen hatte, wurde nie
mehr gründlich evaluiert und im Lauf der Zeit strafrechtlicher
Standard.

Isolierung contra Resozialisierung

Kriminalpolizei und Bundesanwaltschaft waren davon über-
zeugt, dass die völlige Isolierung der Häftlinge aus der
Terroristenszene die Strafverfolgung erleichtern und neue Verbrechen verhindern könne. Das war ein folgenschwerer Irrtum.
Das Kontaktsperregesetz beeinflusste und verschärfte den gesamten Strafvollzug nicht nur den gegen RAF-Häftlinge. Die
Terroristen hinter Gittern wurden quasi eingefroren. Das Interesse an bombensicherer und reibungsloser Aufbewahrung
der RAF-Häftlinge hat lange Zeit jeden Gedanken an ihre
Wiedereingliederung in die Gesellschaft verjagt. Tragischer-
weise nährte aber genau diese staatliche Reaktion das RAF-
Sympathisantentum: Die Aktivität der RAF lebte stets vom
Schicksal der gefangenen Genossen und suchte auch darin seine Rechtfertigung. Sämtliche Bekennerschreiben, sämtliche

Pamphlete kreisen immer wieder um dieses zentrale Thema: die Haftsituation. Die Morde wurden Signal an die inhaftierten Terroristen:»Wir kämpfen für euch!« Im Kampf gegen die Haftbedingungen fand die RAF Kontinuität und Sympathisanten. Das ist das historische Dilemma des Kontaktsperregesetzes, das war der Fluch von Paragraphen, die in höchster Not geschrieben wurden – aber dann auf Dauer Gesetz blieben.

Im staatlichen Kampf gegen die RAF blieb zugleich eine der größten und mutigsten Reformen, die diese Republik versucht hat, auf der Strecke – die Resozialisierung als generelles Ziel des Strafvollzugs, wie es das damals neue Strafvollzugsgesetz vorschrieb. Es wollte den Straftäter nicht mehr für die durch Urteil vorbestimmte Zeit zwischenlagern und dann, ungebessert, in die Freiheit entlassen. Es wollte ihm zwar auch kein angenehmes Dasein hinter Gittern ermöglichen, ihm aber die Chance geben, das kriminelle Leben abzubrechen. Anfang 1977 trat es in Kraft, und großartige, vielleicht utopische Sätze finden sich darin:»Das Leben im Vollzug soll den allgemeinen Lebensbedingungen soweit als möglich angepaßt werden.« Oder:»Im Vollzug der Freiheitsstrafe soll der Gefangene fähig werden, künftig in sozialer Verantwortung ein Leben ohne Straftaten zu führen.« Doch im Zeichen des RAF-Terrorismus wurden alsbald staatliches Geld und politische Ideen nur noch für mehr Sicherheit ausgegeben. Reform – das hieß von nun an: Verschärfung, und zwar des Strafrechts, des Strafprozessrechts, der Haftbedingungen.

Resozialisierung? Nichts da. Das Ziel der neueren Gesetzesinitiativen ging und geht seit Ende der siebziger Jahre dahin, der Sühne, der Sicherheit und der Abschreckung Gewicht einzuräumen. Statt der Tauglichkeit für ein Leben in Freiheit soll die Vollzugstauglichkeit von Menschen in Gefangenschaft gefördert werden. Harald Preusker, er war lange Jahre Leiter der Justizvollzugsanstalt Bruchsal und sodann verantwortlich für den Justizvollzug im Sächsischen Justizministerium, zog zum zwanzigjährigen Jubiläum des Strafvollzugsgesetzes in der Zeitschrift *Neue Kriminalpolitik* (Mai 1997, S. 35) folgende bittere Bilanz: »Die zügige Umsetzung des Strafvollzugsgesetzes wurde durch den Terrorismus der RAF, der den Staat und die Gesellschaft in einer seit Kriegsende einmaligen Weise erschüttert hat, stark behindert. Die Inhaftierung der ersten Terroristen Ende der siebziger Jahre hat zunächst die betroffenen Justizvollzugsanstalten, im Lauf der folgenden Jahre aber den gesamten Justizvollzug belastet. Das Hauptaugenmerk gilt der Sicherheit, hinter der alles andere zurückzustehen hatte. Dieses zum Teil maßlos überzogene und kostspielige Sicherheitsdenken prägt auch heute noch, nach Ende der RAF, den Strafvollzug.« Das also ist von der RAF geblieben und das wird noch ziemlich lange bleiben. Jedenfalls schreibt Harald Preusker im Fazit seines Aufsatzes: »Die Hoffnung, dass die Reform wieder neuen Auftrieb bekommt, ist gegenwärtig nicht realistisch. Vielmehr müssen alle Kräfte gebündelt werden, um die positiven Veränderungen zu sichern und die schlimmsten Fehlentwicklungen zu korrigieren.«

Die Karriere des Kronzeugen

Fehlentwicklungen gibt es nicht nur im Strafvollzug. Die Kronzeugenregelung ist ein weiteres Exempel. Daran lässt sich trefflich studieren, wie ein manischer Gesetzgeber im Zeichen einer angeblichen, einer echten oder auch übertriebenen Bedrohung Eingriffe in die Substanz des Strafrechts vornimmt, diese Eingriffe aber später nie mehr überprüft, sondern sie im Gegenteil perpetuiert und ausweitet. Die Kronzeugenregelung ist auch beispielhaft dafür, wie ein Gesetzgeber allmählich weich wird; wie er ein Gesetz, das er erst für untragbar hält, im Lauf der Zeit annimmt, wie sich Bedenken abschleifen. Dreimal – 1975, 1977 und 1986 – war der Kronzeuge von der einhelligen Kritik der Fachöffentlichkeit gestellt, als personifizierte Ungerechtigkeit entlarvt und schließlich in der rechtspolitischen Requisitenkammer/Abteilung »unbrauchbare Instrumentarien gegen den Terrorismus« abgestellt worden – eingewickelt in die Protestnoten der Richter und Staatsanwälte, verschnürt mit dem fünffachen Nein von über neunzig Strafrechtsprofessoren.

1989 holte der konservative Gesetzgeber den Kronzeugen dort wieder heraus – und das gelang ihm mit einem Trick: Er führte gleichzeitig ein strafbewehrtes Vermummungsverbot gegen Demonstranten ein, auf das sich die öffentliche Kritik konzentrierte. Die Aufmerksamkeit, die dieses umstrittene Vermummungsverbot auf sich zog, machte blind für das fatale Rechtsinstitut des Kronzeugen. Auf ähnlich heimliche Weise war es dem Kronzeugen schon 1981 erstmals geglückt, in ein deutsches Gesetz (außerhalb des Strafgesetzbuchs) zu schlüpfen – in das damals neue Betäubungsmittelgesetz. Die gesetzgeberischen Instanzen, damals vollauf beschäftigt mit den Auseinandersetzungen um Therapie und Strafe, hatten seinerzeit, genauso wie die kritische Öffentlichkeit, den Kronzeugen unbemerkt passieren lassen. So steht er also seitdem im Paragraphen 31 des Strafgesetzbuchs und bleibt straflos, wenn er frühere Tatgenossen belastet.

Der Kronzeuge wurde also dann 1989, zur Bekämpfung des Terrorismus, ins Terroristenstrafrecht und damit ins Strafgesetzbuch gehievt – und es stand zu befürchten, dass sich der Kronzeuge über kurz oder lang zu einer allgemeinen Einrichtung des Strafrechts aufplustern würde. Genau dies ist eingetreten. Die Kronzeugenregelung wurde mehrfach verlängert und auf neue Delikte ausgedehnt. 1989 hatte der Gesetzgeber sein offenbar schlechtes Gewissen erst einmal damit beruhigt, dass er die Regelung bis Ende 1992 befristete und hoch und heilig versicherte, eine Verlängerung komme allenfalls bei großem Erfolg in Betracht. Von Erfolg konnte freilich in den folgenden Jahren keine Rede sein. Also musste flugs der Misserfolg herhalten um die Kronzeugenregelung aufrechtzuerhalten: Es könnte ja sein, so wurde argumentiert, dass die Kronzeugenregelung irgendwann einen Mord verhindern helfe. Und als der Linksterrorismus dann gar nicht mehr zum Argumentieren taugte, wurde der Rechtsextremismus herangezogen.

Ein Annex, klein und bezeichnend: Die rot-grüne Koalition

wollte, so hatte sie es in ihrem Koalitionsvertrag von 1994 vereinbart, endlich Schluss machen mit dem Kronzeugen. So geschah es dann auch, vorerst: Ende 1999, zehn Jahre nach ihrer Einführung, wurde die Kronzeugenregelung aus dem Verkehr gezogen. Doch dauerte es nicht sehr lange, bis auch die rotgrüne Politik den Kronzeugen wieder losschickte – gegen Rechtsextremisten, islamistische Terroristen und, schon wieder, gegen Organisierte Kriminalität. Die Kronzeugenregelung wird in die »allgemeinen Grundsätze der Strafzumessung« nach Paragraph 46 Strafgesetzbuch eingegliedert. Dort heißt es seit jeher: Das Verhalten eines Täters nach der Tat sei bei der Zumessung der Strafe zu berücksichtigen. Das wird jetzt mit konkreten Strafrabatten für Kronzeugen ergänzt; Regeln dafür, was zu tun ist, wenn (bzw. wie vermieden werden kann, dass) ein Verbrecher, um sich selbst herauszureden oder gut dazustehen, einen anderen falsch belastet, gibt es aber auch künftig nicht. Man könnte den Kronzeugen dann, zum Beispiel, nachträglich hart bestrafen. Das ändert aber nichts daran, dass einem solchen Zeugen nie besonders getraut werden kann.

Die Karriere des Kronzeugen ist offenbar ein Erfolg der Erfolglosigkeit dieser Figur. Der Gesetzgeber handelte nach dem Motto: Irgendwann wird sie schon passen. Mit dieser lächerlichen Begründung also hat man sich über die elementaren Grundsätze des Strafens hinweggesetzt und ein Denunziantenprivileg geschaffen, das dem Legalitätsprinzip des deutschen Strafrechts entgegensteht. Im Kino gibt es den Grafen Dracula, in den Volkssagen den Wiedergänger – in der Rechtspolitik den Kronzeugen: Er ist einfach nicht umzubringen.

Den leichtfertigen schnellen Griff zum Strafrecht und zum Strafprozessrecht hat die Politik sich in den RAF-Zeiten angewöhnt, und sie hat ihn nicht mehr abgelegt. Das Strafrecht wurde von der Ultima ratio zur vermeintlichen Prima ratio.

Kapitel 4

Herold, Schily, BKA

 Als nach ihrem Selbstmord die Stammheimer Terroristen auf dem Stuttgarter Waldfriedhof in der Nähe von Theodor Heuss' und Robert Boschs Grabstätten beerdigt wurden, kochte die Volksseele. Oberbürgermeister Manfred Rommel blieb damals kühl: »Ich weigere mich zu sagen, dass es Friedhöfe erster und zweiter Klasse gibt. Nach dem Tod hat alle Feindschaft aufzuhören.« Mit dieser Vernunft und Ruhe hätten nach dem Ende der RAF die alten Anti-RAF-Gesetze überprüft werden müssen. Keiner hat es getan – schon gar nicht der Mann, der einst den Richtern in Stammheim den Satz »Jetzt haben sie den Rechtsstaat ruiniert« hinterhergeschleudert hatte, als der Prozess mehr und mehr zur Farce verkam. Es war dies ein Verteidiger namens Otto Schily. Damals in den siebziger Jahren.

Irrungen, Wirrungen, Wandlungen: Was aus den Protagonisten der RAF-Zeit geworden ist

Im Frühjahr 1998, nachdem die RAF ihre Selbstauflösung erklärt hatte, wurden Forderungen laut, die Anti-RAF-Gesetzgebung auf den Prüfstand zu stellen. So wollte es Otto Schily, damals Vize-Vorsitzender der SPD-Fraktion im Bundestag, und so wollten es die Grünen. Eine solche Säuberung des Strafrechts war zuletzt im Herbst 1997 sowohl vom damaligen Bundesjustizminister Edzard Schmidt-Jortzig (FDP) als auch von

Heribert Prantl

Bundesinnenminister Manfred Kanther (CDU) abgelehnt worden. Was wurde aus Schilys Antrag, was wurde aus dem Antrag der Grünen? Die Grünen wurden zwar die kleine Regierungspartei, und Otto Schily wurde SPD-Innenminister. Aber aus den Prüfstand-Überlegungen wurde gar nichts. Der Bundesinnenminister Schily lehnte die Forderungen, die Monate zuvor der Abgeordnete Schily erhoben hatte, ziemlich unwirsch ab. Die Anti-RAF-Gesetze blieben also zu rot-grünen Zeiten genauso in Kraft wie vorher. Anscheinend wollte niemand mehr erinnert werden an die Zeit, in der das Land in eine Festung verwandelt worden war.

Zu den Befestigungsanlagen gehörte das Hochsicherheitsgefängnis von Stuttgart-Stammheim; eigens zu diesem Zweck errichtet, hatte dort im Mai 1975 das erste Verfahren gegen fünf Terroristen der RAF, gegen Baader, Meinhof & Co., begonnen. Als 25 Jahre später in den Zeitungen daran erinnert wurde, schien es fast so, als habe dieses Verfahren nie stattgefunden, ja als habe es den Terrorismus nie gegeben, als sei in Stammheim ein gespenstisch absurdes Theater aufgeführt worden, das man am besten ganz vergisst.

Verdrängung also: Vielleicht ist das auch ein Grund, warum sich der Staat mit der Begnadigung von langjährig inhaftierten RAF-Tätern so schwer tat. Gnade ist nämlich nicht immer gnädig. Oft kommt sie so spät, dass es zu spät ist; und oft muss sie, als wäre sie ein Verbrechen, unwürdige Umwege gehen. So war es beispielsweise beim ehemaligen RAF-Terroristen Bernd Rössner, der fast zwei Jahrzehnte im Gefängnis saß. Die Begnadigung dieses Mannes, der hinter Gittern zu einem Wrack wurde, musste im Jahr 1994 eingefädelt werden, als ginge es um einen konspirativen Akt: Die Gnade musste taktieren, sie musste Umwege gehen, sie musste sich erst um den Freistaat Bayern herumschleichen, dann musste sie zwei Jahre vor der Tür des Bundeskanzleramts knien – und erst dann durfte das Staatsoberhaupt tun, was zu tun war: einen seit Jahren haftunfähigen Gefangenen in die Freiheit entlassen. Wäre Rössner nicht Rössner, sondern ein normaler Lebenslänglicher, er wäre längst entlassen gewesen – und zwar nicht gnadenweise vom Bundespräsidenten, sondern krankheitshalber von den Behörden, die für den normalen Gang der Dinge zuständig sind. Doch weil Rössner in Bayern einsaß und weil Bayern an Rössner seine harte Linie demonstrieren wollte, musste Rössner erst in ein Gefängnis außerhalb des Freistaats verlegt werden; und durfte nun, nach weiteren zwei Jahren, begnadigt werden. Die CSU wahrte ihr Gesicht, sie konnte sagen: In Bayern wäre das nicht passiert! So setzte sich noch bei der Gnadenentscheidung das politische Ringen um die rechte Art, wie man gefangene Terroristen behandeln soll, fort.

Der letzte Gefangene der RAF

Der Begriff »bleierne Zeit« bekam im Abstand von zwanzig und mehr Jahren einen neuen Sinn: Die Jahre, in denen die Bundesrepublik Deutschland nicht mehr ein noch aus wusste, in denen der Rechtsstaat in Gefahr war, weil er sich gezwungen glaubte, dem Kampf gegen die RAF das Recht zu opfern – diese Jahre waren tief versunken in der Geschichte der Republik. Nur ganz wenige Protagonisten von damals – vor allen Horst Herold, Präsident des Bundeskriminalamts von 1971 bis 1981 – haben sich selbst Rechenschaft abgelegt darüber, was damals war und welche Lehre daraus zu ziehen ist. Die Politiker der inneren Sicherheit aber tun überwiegend so, als seien all die Waffen, die man gegen die RAF geschmiedet hatte, ganz normales Handwerkszeug von Polizei und Justiz.

Der Staat vergisst seine Diener – auch dann, wenn sie Genies der Kriminalistik waren. Hätte sich die Politik der inneren Sicherheit der Dienste des ehemaligen BKA-Präsidenten Horst Herold weiter versichert – wie viel hätte sie aus der RAF-Zeit lernen können! Am 20./21. Mai 2000 war der 25. Jahrestag des Beginns des Stammheim-Prozesses, wohl das deprimierendste Strafverfahren in der Geschichte der Bundesrepublik; noch bevor die Urteile, lebenslänglich für alle, rechtskräftig wurden, begingen die Angeklagten Selbstmord: zuerst Ulrike Meinhof,

Heribert Prantl

später Andreas Baader, Gudrun Ensslin und Jan-Carl Raspe. Zu diesem Jahrestag schrieb Herold in der *Süddeutschen Zeitung* einen überaus nachdenklichen Aufsatz über die Verbrechen der RAF, ihre Ursachen und die Fehler bei ihrer Bekämpfung:»Die Lehren aus dem Terror« waren sein erstes veröffentlichtes Fazit eines Terrorismus, der den Rechtsstaat fast zum Einsturz gebracht hätte.

Es sind leider Lehren geblieben, die auf der Verfolgerseite nur Horst Herold so klar gezogen hat, privat – als »letzter Gefangener der RAF«, wie er selbst sarkastisch über sich sagt, weil er seit der RAF-Zeit umzäunt in einem Häuschen lebt, das er sich damals aus Sicherheitsgründen und selbst finanziert auf dem Gelände der Bundesgrenzschutzkaserne in Rosenheim gebaut hat.

Aus dem Anfang und dem Schluss seines Aufsatzes:»Die Bilanz: 67 Tote und 230 zum Teil schwer verletzte Menschen auf beiden Seiten. Fünfhundert Millionen Mark Sachschaden. Viele Millionen Mark Kosten zur Bekämpfung der RAF. 31 Banküberfälle, Beute: sieben Millionen Mark. 104 von der Polizei entdeckte konspirative Wohnungen. 180 gestohlene PKW, dazu über eine halbe Million Asservate – Geld, Waffen, Sprengstoff, Ausweise. Elf Millionen Blatt Ermittlungsakten. 517 Personen verurteilt wegen Mitgliedschaft in einer terroristischen Vereinigung, 914 verurteilt wegen deren Unterstützung ... Auch heute vermitteln Aufzählungen kein abschließendes Bild, wie sehr das politische und geistige Klima in der Bundesrepublik, ja sogar in Europa durch die Konfrontation mit dem Terrorismus verändert wurde ...

Was hier gesagt werden soll ist nur: Terrorismusbekämpfung kann nicht an seiner vordergründigen Erscheinung hängenbleiben und sich auf seine Repression beschränken. Terrorismusbekämpfung bedeutet auch, unter der Oberfläche des Vordergründigen das vielleicht Mögliche, das noch Werdende zu erkennen, um künftige Gefahren, die in der Vorstellung der Handelnden existieren, ernst zu nehmen, denkbare Formen, in denen sie auftreten können, zu erkennen, ihnen zu begegnen und damit zugleich dem Terrorismus die Schubkräfte oder Anreize zu nehmen, die ihn auslösen oder begleiten. Leider wurden Überlegungen solcher Art in der Aufgeregtheit der damaligen Zeit oft böswillig in die Nähe der Verharmlosung des Terrorismus gerückt. Der Vorwurf lautete, sie kämen den Terroristen gedanklich entgegen und akzeptieren deren angemaßte Rolle als Vollstrecker der Geschichte. Indessen strebt die Einsicht in historische Zusammenhänge keine Prädikate an, sondern sucht im Zusammenwirken mit anderen Erklärungsweisen nach Möglichkeiten, künftigen Gefahren zu begegnen – bevor sie zutage treten, erst recht, bevor sie bedrohlich werden.«

Der heute 78-jährige Mann, der dies geschrieben hat, ist gelernter Richter und Staatsanwalt. Er ist der geistige Vater der Rasterfahndung, er hat das polizeiliche Informationssystem Inpol erfunden und eingeführt. Er war ein einflussreicher Kriminalpolitiker, ein Weltverbesserer, der die Möglichkeiten des Computers schon erkannt hatte, als die Jungunternehmer, die in den späten neunziger Jahren damit Millionen verdienten, noch nicht einmal geboren waren. Er war wohl der beste Polizist, den die Bundesrepublik je hatte. Für die Rechten war der sozialdemokratische Polizist ein Linker, für Linke war er Symbolfigur des staatlichen Schnüffelwahns, einer, der Informationen säuft wie ein Alkoholiker den Schnaps. Dank seiner neuen Methoden wurde 1972 die Baader-Meinhof-Gruppe zerschlagen, wurden die Entführung des CDU-Politikers Lorenz, die Morde an Generalbundesanwalt Buback und Arbeitgeberpräsident Schleyer aufgeklärt.

Wegen einer (nicht von ihm verschuldeten) Panne bei der Fahndung nach Schleyers Entführern geriet Herold in die Kritik und wurde abgelöst – vor allem, weil sein akribisches Sammeln und Analysieren von Daten auch dem damaligen Bundesinnenminister Gerhart Baum (FDP) nicht mehr geheuer waren. Seitdem lebt Herold zurückgezogen. Das Buch, das er über die RAF schreiben wollte, hat ihm der damalige Innenminister Baum verboten. Über Herold hat der einstige RAF-Verteidiger und spätere grüne hessische Justizminister Rupert von Plottnitz geschrieben: »Es war grotesk, dass die langfristigen Überlegungen von Herold und die kurzfristigen von der Politik kamen.« Herold suchte nicht nur nach Tätern, sondern auch nach Ursachen; das gefiel der Politik nicht. Seit Herolds Abgang gab es in der RAF-Bekämpfung keine nennenswerten Erfolge mehr: Die Morde ab 1985 blieben ungeklärt. Herold selbst verteidigt seine Nachfolger: »Sie hatten es viel schwerer als ich.« Die schöne Festschrift, die das Bundeskriminalamt Herold zum 75. Geburtstag gewidmet hat, lobt seinen »aufklärerischen Denkansatz im besten Sinne«. In der Tat: Herold war nie nur Ermittler, er wollte der Tat den Nährboden nehmen. Von solcher Polizeiarbeit träumt er noch heute.

Als Horst Herold im Sommer 1971 das Präsidentenamt beim Bundeskriminalamt übernommen hatte, war es eine bürokratische Kriminalklitsche mit knapp 600 Mann und zwölf Fahrzeugen. Als er es zehn Jahre später verließ, war das BKA eine der modernsten Polizeibehörden der Welt – computergerüstet und mit einem verachtfachten Personalbestand. Das war zum einen die Leistung Horst Herolds, dem aber all seine Gaben nichts geholfen hätten, wäre ihm und dem BKA nicht das Mirakel der Geldvermehrung widerfahren: Mit den Gewalttaten der Roten Armee Fraktion wuchs der politische Wille in Bund und Ländern, immer mehr Geld und Personal ins BKA zu pumpen. Die Behörde wurde zum Braintrust, zum Gehirn der deutschen Polizei. Bei der Bekämpfung der RAF galt nämlich der Satz: »… koste es, was es wolle.«

Die deutsche Polizei hat also der RAF viel zu verdanken. Ohne die RAF wäre sie heute nicht, was sie ist: ein leidlich moderner Apparat. Erst die Verbrechen der Linksterroristen haben ihr die politische Aufmerksamkeit gebracht, die sie für den ersten gewaltigen Modernisierungsschub brauchte. Personal, Kriminaltechnik, Kompetenzen – all das floss der Polizei von den frühen siebziger Jahren an reichlich zu. Am allermeisten gilt das für das Bundeskriminalamt in Wiesbaden.

Aufstieg und Fall des Bundeskriminalamts

BKA-Präsident Herold hatte 1972 die elektronische Fahndung installiert. Das von ihm eingerichtete INPOL-System mit 3600 Terminals ermöglichte die Weitergabe von Daten an die Ermittler binnen weniger Sekunden. Der BKA-Computer hatte 1972 wesentlichen Anteil an der Zerschlagung der Baader-Meinhof-Gruppe. Bis Ende 1980 wurden 580 Personen aus der terroristischen Sympathisantenszene ermittelt und festgenommen. In diesen Jahren entstand der Weltruf des BKA. Die französische Zeitung *Le Monde* nannte Mitte der siebziger Jahre das deutsche Bundeskriminalamt die »bestgerüstete Polizeiorganisation nach dem FBI.«

Am 22. März 2001, bei der Feier des 50jährigen Jubiläums des Bundeskriminalamts, wurde dieser Ruf wieder kräftig poliert. Nach wie vor gilt ja: In Wiesbaden sitzt die wohl einzige Polizeibehörde Deutschlands, die sich nicht beklagen kann. Sie hat genug Geld und genug Personal. Sie hat Zugriff auf mehr als fünfzig Millionen Fingerabdrücke, sechs Millionen Fotos von 2,1 Millionen Menschen. Sie verfügt über die neuesten Methoden der DNA-Analyse und der Ballistik, über hervorragende Kriminalisten und Wissenschaftler. Drei Millionen Akten lagern in den Archiven. 4700 Mitarbeiter und ein Jahreshaushalt von 560 Millionen Mark stehen zur Verfügung. Die Behörde agiert auf der Grundlage eines eigenen Haus-Gesetzes, dem BKA-Gesetz.

Gleichwohl: Die großen Zeiten des Bundeskriminalamts sind vorbei. Heute wird es zerrieben zwischen der Europol in Den Haag und den Landeskriminalämtern der 16 Bundesländer. Mit Kapitalverbrechen wird das BKA von den Landeskriminalämtern kaum noch befasst. »Man hungert das BKA aus«, meint ein Insider, »und das bedeutet: Die Qualität lässt nach.« Organisierte internationale Kriminalität? Was das ist, bestimmen die Länder selbst; bei ihnen liegt die Polizeihoheit. »Und die werden einen Teufel tun, ihre großen Fälle ans BKA abzugeben«, weiß Horst Herold, der nun seit zwanzig Jahren die

Heribert Prantl

Entwicklung des Amtes von außen verfolgt:»Die machen das selber, stellen ihr Rauschgift sicher, machen eine Pressekonferenz mit dem Landesinnenminister und freuen sich.« Kriminalbusiness ist eben auch Showbusiness; und die Show hat jeder der 16 deutschen Landesinnenminister und -senatoren gern bei sich im Lande.

In den siebziger Jahren war das anders. Herold:»Da hatte jeder einen unglaublichen Bammel vor dem Terrorismus, auch jeder Landesminister, und jeder sah ein, dass das nun wirklich eine überörtliche Angelegenheit war. Deshalb hat man, nicht gesetzlich, sondern per Auftragsvergabe, das BKA zu der zentralen Ermittlungsbehörde gemacht. Gesetzlich ist keine Zuständigkeit für den Terrorismus gegeben gewesen. Und in dem Augenblick, in dem die terroristische Bedrohung vorüber war, ist die Auftragspraxis erloschen.« Aufstieg und Fall des Bundeskriminalamts hängen also unmittelbar mit Anfang und Ende der RAF zusammen.

Wer nach den großen Leistungen und den großen Fehlleistungen des BKA fragt, der stößt in beiden Fällen auf die RAF. Im Kampf gegen die Terroristen wurden zum ersten Mal in der Kriminalgeschichte Täter überführt, ohne dass der Zeugenbeweis eine Rolle spielte – auch nicht der Kronzeuge. Die Beweise lieferten die Wissenschaftler des Bundeskriminalamts: Der Beweis aufgrund von Spuren wurde gerichtsfest perfektioniert, das BKA zu einer Wunderbehörde, der man im Guten und Schlechten alles zutraute.

Dieser ungeheure Ruf erlitt einen schweren Schlag mit der Schleyer-Entführung: Es war nicht die Schuld des BKA, sondern eines Landespolizisten, dass ein einziges Spurenblatt nicht ins Computersystem eingegeben worden war – auf diesem einen Spurenblatt aber stand der entscheidende Hinweis auf die Wohnung in Erftstadt-Liblar, in der der Arbeitgeberpräsident von der RAF gefangengehalten wurde. Die Kriminalisten hatten die Falle nach allen Regeln der neuen Kunst (Herold nannte sie »Sozialkybernetik«, heute nennt man das Täter-Profiling) aufgestellt, aber sie konnten wegen eines kleinen

Fehlers in einer unteren Polizeibehörde nicht zuschlagen. Was ein Triumph der neuen Fahndungsmethoden hätte werden können, wurde zu einem Desaster. Kriminaltechnisch ungerechtfertigt geriet die Rasterfahndung in Misskredit, und mit dieser auch ihr Erfinder Herold. Ab 1985 begann die Zeit des totalen Misserfolgs: Bis zum heutigen Tag ist, wie bereits erwähnt, keiner der Terroranschläge seit 1985 mehr aufgeklärt worden. Das BKA verlor die RAF »von ihrem Radarschirm«, wie das der siebte BKA-Präsident Hans-Ludwig Zacher einmal selbstkritisch formulierte.

In Zachers Amtszeit fällt das Ereignis, das bis heute Symbol des Fahndungsdesasters ist: Am 27. Juni 1993 kam es auf dem Bahnhof von Bad Kleinen zu einer blutigen Polizeiaktion, in deren Verlauf der mutmaßliche RAF-Terrorist Wolfgang Grams und der Polizeibeamte Michael Newrezella getötet wurden. Die vom BKA vorbereitete und geleitete Aktion endete im Kugelhagel und in Spekulationen darüber, ob nicht ein Mann der Spezialeinheit GSG 9 Grams durch einen aufgesetzten Schuss an der Schläfe getötet hat. Dieser Verdacht gilt zwar mittlerweile als ausgeräumt, gleichwohl bleibt Bad Kleinen eine der verheerendsten Pannen der deutschen Fahndungsgeschichte. Allein der amtliche Bericht der Bundesregierung führte 17 gravierende Fehlleistungen auf – nicht nur beim unmittelbaren Zugriff, sondern auch hinterher, bei der Spurensicherung. Es blieb ein böser Verdacht: Die Polizeiführung selbst glaubte wohl einige Zeit daran, dass es etwas zu vertuschen gäbe.

Das Amt verlor seinen Nimbus. Mit großer öffentlicher Zurückhaltung hat Klaus Ulrich Kersten, seit 1996 BKA-Präsident, die Behörde wieder in ruhiges Fahrwasser gebracht. Kersten hat einen anderen Status als seine Vorgänger – er ist »politischer Beamter«, kann also jederzeit entlassen werden. Und als politischer Beamter ist er sehr viel weniger politisch als seine Amtsvorgänger – er äußert sich jedenfalls zu rechts- und innenpolitischen Fragen kaum. Er verfährt so, wie sich das Amt wohl nach dem Willen der Politik heute verstehen soll: zurückhaltend, als dienende Behörde. Man überlässt die Aktion den Länderpolizeien. Die Abdankung des BKA müsste aber damit nicht verbunden sein: Sein großes Kapital ist die Kriminaltechnik. Die Nutzung dieser Kapazitäten schaut momentan so aus: Die Spurensachbearbeiter der Landeskripo sammeln am Tatort die Spuren ein und liefern sie beim BKA ab; dann beginnt die Auswertung. Die Zukunft wird so aussehen müssen: Die Wissenschaftler gehen direkt an die Tatorte, holen aus den Spuren heraus, was herauszuholen ist – und verarbeiten dieses Wissen. Dezentralisation der Ermittlungen, Zentralisation der Information: Das wäre eine wichtige Aufgabe für die Politiker der inneren Sicherheit, wenn sie sich denn mit den wichtigen Aufgaben beschäftigen wollten.

Otto Schily oder: Der Staat bin ich

Der RAF-Verfolger Horst Herold wurde also entlassen und von der Politik vergessen, das Bundeskriminalamt erlebte mit der RAF Aufstieg und Fall. Der einstmalige RAF-Verteidiger Otto Schily aber schwebte vom äußeren Rand in die hohe Mitte der Republik. Als Bundesminister des Innern tritt er auf wie der Generalfeldmarschall Dr. von Staat.

Es gibt nur wenige Deutsche, die schon zu Lebzeiten im Museum stehen. Der Kanzler ist, immerhin, in London im Wachsfigurenkabinett der Madame Tussaud zu sehen. Für Otto Schily wäre das der falsche Ort und Wachs das falsche Material. Der Bundesminister des Innern mag es härter, würdiger und mit Sockel. Schily sieht seine steingemeißelten Abbilder in der Münchner Glyptothek und den Antikensammlungen vieler anderer großer Städte: Dort stehen die Senatoren mit Toga, die Caesaren mit Brustpanzer, die Augustusse mit Herrschergebärde. Sie stehen da wie Otto Schily vor der Bundespressekonferenz und verkörpern die Macht und die Würde ihres Amtes. Wenn seine früheren politischen Weggefährten aus grünen Tagen ihn so sehen, gewichtig, statuarisch, gravitätisch, staatstragend, dann sagen sie, Schily sei konservativ geworden; aber das ist falsch. Der 70-Jährige ist mit dem Amt nur massiger geworden, als müsse er, der vor etlichen Jahren noch ein schmales Ströbele-Gesicht hatte, das Amt auch körperlich ausfüllen. Konservativ geworden ist er nicht – er war es, auf seine Weise, schon immer, auch als RAF-Anwalt.

Um dies zu verstehen, muss man »konservativ« ins Römische übersetzen: Im antiken Rom nannten sich die konservativen Senatoren »Optimaten«, um schon mit diesem bloßen Wort den Führungsanspruch ihres Standes zu beschreiben – also »die Besten«. Zu den Besten hat sich Schily, der Fabrikdirektorssohn und Anthroposoph, der cholerische Schöngeist und brillante Anwalt, immer gezählt, zu denen nämlich, die höhere Fähigkeiten in sich selbst entwickeln. Er hat sich nicht gemein gemacht mit seiner jeweiligen Umgebung, darum blieb er fremd, wo immer er gerade war: fremd bei seinen Mandanten, den Terroristen; fremd bei seinen Parteifreunden, den Grünen; fremd bei seinen Genossen, den Sozialdemokraten.

Stets aber hat er seine Zugehörigkeit zu einer optimatischen Nobilität zelebriert. Und es fügt sich, dass sein herrschaftliches Refugium, das er sich erworben hat, in der Toskana liegt, wo er nicht Urlaub macht, sondern sich der Muße hingibt. Und niemandem käme es in den Sinn, ihm das vorzuwerfen, auch wenn das, wie im Sommer 2000, sechs Wochen dauert. Seine Abwesenheit bemerkt gar niemand, weil Schily präsent zu sein scheint, auch wenn er nicht da ist. So ist das mit Leuten, die es geschafft haben, auf dem Sockel zu stehen. Der Groß-Verleger Axel Cäsar Springer war einer der wenigen, die schon 1973 merkten, dass da, damals auf der Gegenseite, eigentlich einer Seinesgleichen saß.

Vom Verteidiger der Terroristen zum Verteidiger gegen den Terror

Vom Linksanwalt zum Rechtsanwalt? Schily selbst sah und sieht sich als Verteidiger des Rechtsstaates an wechselnden Fronten: als Advokat des damaligen Linksextremisten Horst

Mahler im Jahr 1973, als Anwalt der Terroristin Gudrun Ensslin von 1975 bis 1977, als grünes Mitglied des Flick-Untersuchungsausschusses im ersten großen Parteispendenskandal der Republik von 1983 bis 1986, als SPD-Innenminister der Bundesrepublik Deutschland seit 1998. Immer solitär, mit Weste und goldener Uhrkette als äußeren Zeichen, immer hochfahrend, immer unerbittlich, immer stolz auf seine Intellektualität, die er wie ein Schwert führen konnte – das waren seine Mittel, an den jeweiligen Fronten seine Macht zu erproben und diese Macht selbst genussvoll auszukosten.

Als RAF-Anwalt spürte er sie, wenn er das Gericht bloßstellte und den Staat als Unrechtsstaat entlarvte; als Grüner im Untersuchungsausschuss spürte er sie, wenn er die herrschende politische Klasse in Bedrängnis brachte. Manchmal dachte man, so schreibt der Schily-Biograf Reinhold Michels über Schilys Auftritte im Flick-Untersuchungsausschuss, »dem Mann komme sogleich ein Messer zum Mund heraus«. Franz Josef Strauß brachte er so zur Weißglut, den Zeugen Bundeskanzler Kohl an den Rand eines öffentlichen Wutausbruchs – und an den Rand einer Anklage wegen uneidlicher Falschaussage. Heute hat es Otto Schily einfach: Er muss sich nicht mehr anstrengen, Macht zu haben. Heute hat er sie, er hat ihren Apparat zu Verfügung. Er muss die Macht nur noch darstellen, sie verkörpern – und dabei tut er sich leicht. Er muss nur so sein wie immer: immer solitär, immer hochfahrend, immer stolz auf seine Intellektualität.

Mit Robespierre, der ebenfalls Anwalt und Politiker war, haben ihn die bedrängten Machthaber der Bonner Republik verglichen, lagen damit aber völlig falsch: Schily hat seine Gaben cleverer genutzt als der geifernde Revolutionär. Wenn man in der großen Geschichte ernsthaft nach einem Juristen sucht, der sich als Gerichtsredner und Strafverteidiger seinen Weg in die hohe Politik gebahnt hat und der dann die überlieferte Ordnung geradezu mit Inbrunst angebetet hat, dann kommt man schnell auf einen, welcher der Eitelkeit des Otto Schily extrem schmeichelt, auf einen Mann von weitestem Bildungshorizont, auf einen, der geschliffen argumentieren konnte, ausgesprochen schlagfertig war und mit politischen Prozessen berühmt wurde – einer der besten Köpfe seiner Zeit: »Er war von seiner Bedeutung nicht nur durchdrungen, was sein gutes Recht war, sondern gab es auch bei jeder möglichen und unmöglichen Gelegenheit, im persönlichen und öffentlichen Verkehr, laut und vernehmbar zu verstehen.« So beschreibt Alfred Heuss in seiner Römischen Geschichte den Politiker und Advokaten Marcus Tullius Cicero, den Verteidiger der Römischen Republik: »Grenzenlos selbstgefällig«. Bei Schily kommt noch einiges hinzu: die Unfähigkeit zum Selbstzweifel und seine herablassend autoritäre Art, Untergebene zu behandeln. Schily tritt auf wie einer, der ein Herr sein will, nicht auftritt.

Auftritt von Otto Cicero, dem Verteidiger der Bundesrepublik, in der Innenministerkonferenz (IMK): An einem Tischgeviert, dem Alphabet nach aufgereiht, sitzen die Minister der deutschen Bundesländer samt Entourage, an der Stirnseite Schily und sein Staatssekretär Claus Henning Schapper, daneben der amtierende IMK-Vorsitzende, der die Sitzung leitet. Kein Mensch im Saal hört demjenigen zu, der gerade redet, alle warten auf das bekannte Schauspiel: Schily klappt den Aktenordner mit den Vorlagen auf, die ihm sein Haus zu den einzelnen Punkten der Tagesordnung geschrieben hat, er blättert, er liest, er wird unruhig, unzufrieden, ungehalten, empört, fast so wie damals im Stammheim-Prozess über ein dummes und voreingenommenes Gericht. Und dann beginnt halblaut und coram publico die verbale Exekution seines Staatssekretärs, der dem Rang nach einem Landesinnenminister gleichgestellt ist, sich aber binnen kurzem in ein Häuflein Elend verwandelt.

Schily kennt keine Gnade, jeder wird rasiert. Er lässt dem Berserker in sich freien Lauf, um dann in der großen Öffentlichkeit wieder den Mann mit der bissigen Contenance zu geben. So macht er es mit seinen Staatssekretären und Referenten, nicht selten auch mit den Verhandlungspartnern von den Grünen. Manchmal wirft er auch Akten an die Wand. Er tut das aus einem für ihn einleuchtenden Grund: »Er hält uns für

Heribert Prantl

Würstchen«, sagt ein Mitarbeiter, »und Würstchen kann man nicht demütigen.«

Gedemütigt werden kann nur einer wie er, und das ist ihm widerfahren, als er nach seinem Wechsel von den Grünen zur SPD um einen Listenplatz betteln und in oberbayerischen Bierzelten auftreten musste, wo er den Maßkrug fasste, als handelte es sich um einen Schierlingsbecher. Jede Einladung zu einem Schafkopfrennen in seinem Wahlkreis München-Land muss er als Verhöhnung empfunden haben. Das sitzt tief. Er liest Zeitungskommentare über sich neugierig-misstrauisch wie Horoskope, er brütet darüber wie ein römischer Haruspex, ein Eingeweidebeschauer, wobei es keine Rolle spielt, ob die Kommentare in der *FAZ* oder in den *Lübecker Nachrichten* stehen: Entsprechen sie ihm nicht, dann ist es besser, wenn keines seiner Würstchen sich in der Nähe aufhält.

Schily war und ist sich offenbar immer sicher, dass er recht hat; das ist seine große Stärke. Einst in den juristischen Staatsexamen war er zwar »am unteren Rand der Möglichkeiten geblieben«, wie sich sein alter Freund, der Berliner Professor Uwe Wesel, erinnert. Ein Starjurist ist er trotzdem geworden: Weil Schily immer beweisen kann, dass er einen Anspruch hat auf das, was er verlangt – heute Anspruch auf Respekt, und er fordert ihn auch ein, nicht nur für sich, sondern für das Amt: Er ist der Minister, er ist der Staat, er hat das Recht auf den roten Teppich und den Salut, das Recht auf ehrerbietige Distanz, das Recht darauf, von fünf Terminen vier abzusagen, und darauf, dass bei einem Interview mit ihm stets auch der Chefredakteur dabei ist.

Otto Schily hat lange warten müssen auf dieses Amt, von dem er glaubt, dass es ihm kraft Lebensleistung zustehe. Er ist der Senior des Kabinetts, der Doyen, wie er selbst sagt. Eine fast ehrfürchtige Auffassung hat er vom Staatsamt: Die Menschen, die Herrschaftsfunktionen ausüben, repräsentieren etwas, das über sie als Privatmenschen hinausweist – sie handeln im Namen des Staates. Und deshalb behandelt Schily sie mit Respekt, auch wenn es sich nur um den Innenminister Albaniens handelt. Der Staat ist im Weltbild des Otto Schily ein höheres Wesen, das die Träger hoher Würden mit seinem Ritterschlag adelt. Schily genießt das Brimborium der Staatsbesuche, das für ihn kein Brimborium ist, sondern kultische Handlung: Die Challenger der Luftwaffe, die bis zum roten Teppich rollt, der Ministerpräsident, der ihn erwartet, die Nationalgarde mit schimmerndem Helm, die salutierend den Weg bis hin zum VIP-Empfangsraum säumt. Dankbar freilich ist Schily dafür nicht, weil er, wie er meint, auf all das einen Anspruch hat. Und dieser Anspruch leitet sich vermutlich so her: Mit dem Glanz des Amtes begleicht der Staat, der ihm einst, als RAF-Anwalt, so viele Schwierigkeiten bereitet hatte, auch die Schulden, die er bei Schily hat.

Genossen und Grüne, die sich Schily fügen, dürfen »der Otto« sagen, wenn sie über ihn reden – und auf diese Weise die kühle Distanz kaschieren, die er zu ihnen hält. Sogar der politische Gegner darf ihn, respektvoll, »der Otto« titulieren, der bayerische CSU-Innenminister Günter Beckstein zum Beispiel, der sich rühmt, dass »der Otto« bei ihm in die Lehre gegangen sei. Das ist ungefähr so, als würde der Soldat Schwejk behaupten, er habe seinem Herrn das Duellieren beibringen müssen. Mit diesem oft ein wenig täppischen und ungelenkwuseligen, daher unterschätzten Beckstein kann es aber Schily viel besser als mit seinem plebejischen Kanzler – eben deswegen, weil dieser nicht so täppisch und ungelenk-wuselig ist, sondern mindestens ebenso souverän wie Schily. Beckstein hingegen lässt Schily das Gefühl der Überlegenheit. Und das Verhältnis der beiden würde dann viel schwieriger, wenn Beckstein nicht ein Schwejk, sondern die Stimme der Union wäre – was ja noch werden kann, wenn es so weitergeht, dass die Leute im Bierzelt vor Angstlust und Begeisterung trampeln, wenn Beckstein kommt, wie sie das im Herbst 2001 getan haben. Das heiße Glücksgefühl, das man Beckstein bei solchen Zustimmungsorgien ansieht, genießt Schily auch; er verbirgt es nur besser.

Heribert Prantl

Personifizierter Zeitgeist

In der Welt, in der Otto Schily »der Schily« geworden ist, wird nicht vor Begeisterung getrampelt, da wird nicht geklatscht, da springen die Leute nicht auf, wenn man einen großen Auftritt hat: Die Triumphe vor Gericht sind stille Triumphe, die Niederlagen sind eiskalte Niederlagen. Als Strafverteidiger vor Gericht ist man allein, elendig allein manchmal, ein Einzelkämpfer, von dem die Existenz des Mandanten abhängt. Und kaum anderswo spürt man den Staat mehr als im Schwurgerichtssaal – wenn dieser Staat, und seien die Richter noch so schlecht und das Mobiliar noch so schäbig, aufsteht und das Urteil spricht. Nicht dass Otto Schily sich die Welt als vergrößerten Gerichtssaal vorstellen würde; als Innenminister ist ihm die Prävention wichtiger als die Repression, er verlässt sich lieber auf die Polizei als auf die Justiz. Aber die forensische Situation hat Otto Schily tief geprägt: die Einsamkeit des Advokaten und die Feindseligkeit, die ihm bei politischen Verfahren entgegenschlug. In dieser Zeit hat Schily verlernt, dass es auch einen Verhandlungsstil gibt, der beide Parteien als Gewinner vom Spielfeld gehen lässt. Das müssen, seitdem Schily Minister ist, die Grünen spüren. Erfolg genügt Schily nicht; andere müssen scheitern.

Und wo bleiben die Überzeugungen des Otto Schily? Was ist mit den scharfen Attacken gegen Kronzeugenregelung und Kontaktsperre, die Schily einst vor dem Gericht in Stammheim geritten hat? So haben seine früheren grünen Parteifreunde im Herbst 1998 bei den rot-grünen Koalitionsverhandlungen gefragt, als Schily verhandelte, als sei er der Geist seines konservativen Vorgängers Manfred Kanther. Warum hat er die Gesetze, die er damals als Anwalt gegeißelt hat, als Minister nicht wenigstens auf den Prüfstand stellen lassen? Sie interessieren Schily nicht mehr: Das war damals für ihn eine andere Front, in einer anderen Zeit. Otto Schily braucht deshalb heute einen Advokaten gegen den Vorwurf, seine Toga stets in den Wind zu hängen. Ordnen wir ihm zur Abwehr allfälliger Vorwürfe den

Marcus Tullius Cicero als Pflichtverteidiger bei. Zitat aus dessen Rede Pro Cluentio Habito: »Doch der irrt sich gewaltig, der da meint, er besitze in unseren Reden, wie wir sie vor Gericht gehalten haben, unsere verbrieften Überzeugungen. Alle diese Reden sind nämlich durch die Parteiinteressen und die Umstände bedingt.« Mit anderen Worten: Schily ist nicht so hart, wie er tut. Er lässt sich vom Zeitgeist modellieren. Heute diktiert ihm der Zeitgeist die Anti-Terror-Gesetze, die jene, die er seinerzeit als RAF-Verteidiger bekämpft hat, noch um ein Vielfaches übertreffen.

Kapitel 5

Der Terrorist als Gesetzgeber
Teil 2: Al Kaida

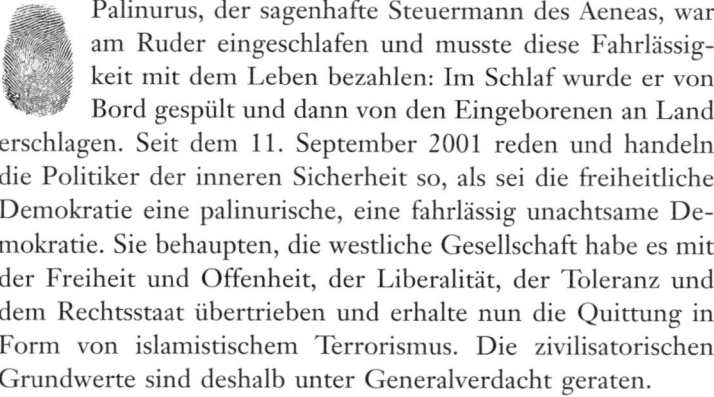 Palinurus, der sagenhafte Steuermann des Aeneas, war am Ruder eingeschlafen und musste diese Fahrlässigkeit mit dem Leben bezahlen: Im Schlaf wurde er von Bord gespült und dann von den Eingeborenen an Land erschlagen. Seit dem 11. September 2001 reden und handeln die Politiker der inneren Sicherheit so, als sei die freiheitliche Demokratie eine palinurische, eine fahrlässig unachtsame Demokratie. Sie behaupten, die westliche Gesellschaft habe es mit der Freiheit und Offenheit, der Liberalität, der Toleranz und dem Rechtsstaat übertrieben und erhalte nun die Quittung in Form von islamistischem Terrorismus. Die zivilisatorischen Grundwerte sind deshalb unter Generalverdacht geraten.

Die Innenpolitiker haben Sonderschichten eingelegt, um nach den Terroranschlägen vom 11. September 2001 die sogenannten Sicherheitspakete zu schnüren. Sie stopften in großer Eile alles hinein, was in den Depots der Rechtspolitik herumlag. Und aus den hinteren Ecken der Depots kamen die Politiker der Union und schleppten auch noch die Trümmer an, die sie selbst zu ihren eigenen Regierungszeiten nicht hatten gebrauchen können. Gegen Care-Pakete für mehr innere Sicherheit ist gewiss nichts einzuwenden. Doch unter dem Tarnnamen »Anti-Terror« wurden allerhand Placebos angepriesen, wurde auch noch der letzte Schmarren als wichtige Initiative ausgegeben.

Mit etlichen Care-Paketen haben sich der Bundesinnenminister und die Bundesjustizministerin Ende September 2001 auf den Weg nach Europa gemacht und ihre Gaben unter anderem bei Jürgen Storbeck, dem Chef von Europol, öffentlichkeitswirksam abgeladen. Storbeck muss sich vorkommen, als wäre jede Woche Weihnachten – so oft läutet bei ihm das Glöckchen, werden bei ihm neue Kompetenzen abgeliefert, wird die Liste der Straftaten erweitert, bei denen die Europäische Polizei ermitteln soll: Erst sind es die Drogen, dann Geldwäsche und Kinderpornografie und schließlich der neue Terrorismus. Und jeweils soll Europol die alten Probleme liegen lassen und blitzschnell Erkenntnisse zu den neuen liefern. Dieser Umgang mit Europol veranschaulicht die Atemlosigkeit der Politik der inneren Sicherheit und ist zugleich ein Exempel dafür, wie der Öffentlichkeit Effektivität vorgegaukelt wird.

Die Anti-Terror-Gesetze

Erste Maßnahme: Der ominöse Paragraph wird aktiviert: Rasterfahndung, zur Suche nach islamistischen Terroristen. Zweite Maßnahme: Die Politiker der inneren Sicherheit, der Bundesinnenminister zuvorderst, schieben dem Datenschutz die Schuld für Sicherheitsdefizite zu und bedienen zu diesem Zweck das ebenso gängige wie falsche Vorurteil, dass »Datenschutz Täterschutz« sei. Dritte Maßnahme: Die Gesetzgebungsmaschinerie wird angeworfen und auf maximale Drehgeschwindigkeit gebracht.

Erstens Rasterfahndung: Von dem Wort geht für Bürgerrechtler seit zwanzig Jahren ein Schrecken aus, gerade so, als würden die Kampfhunde der inneren Sicherheit von der Leine gelassen und als würden diese nun, beißwütig und blindlings, ein rechtsstaatliches Blutbad quer durch die Bevölkerung anrichten. Das ist falsch. Die Rasterfahndung wäre eigentlich, bei gezielter und umsichtiger Anwendung, ein modernes und moderates Fahndungsmittel; jeder, der heute im Internet eine Suchmaschine benutzt, macht etwas Ähnliches.

Doch die Anwendungspraxis ist weder gut noch vernünftig:

Heribert Prantl

Gerastert wird wie im Rausch. Die Rasterfahndungen nach dem 11. September 2001 waren so konzipiert, als sollten sie alle Vorurteile gegen sie belegen. Monate später holten Richter die hysterischen Ermittler wieder auf den Boden des Rechts zurück. Zum Beispiel in Düsseldorf: Am 1. Oktober 2001 hatte das Düsseldorfer Amtsgericht auf Antrag des Polizeipräsidenten Einwohnermeldeämter, Hochschulen sowie das Ausländerzentralregister angewiesen, Datensätze (Geburtsnamen, Vornamen, Geburtsort, Geburtsland, Staatsangehörigkeit und weitere personenbezogene Daten wie Familienstand, Anzahl der Kinder, Studienfachrichtung u. a.) von allen Männern im Alter von 18 bis 40 Jahren an das Polizeipräsidium zu übermitteln. Eine Sonderkommission »AG Lupe« arbeitete dort am umfangreichen Datenabgleich. Nach der Rasterung blieben 11 000 Personen, zumeist Angehörige arabischer Staaten, übrig – die sodann von den einzelnen Polizeidienststellen auf mögliche Verwicklungen in terroristische Aktivitäten überprüft wurden. Eine so grobe Rasterfahndung ist nicht nur hysterisch, sie löst auch neue Hysterien aus, weil sie ganze Bevölkerungsgruppen als gefährlich erklärt. So auch die Rechtsauffassung des Oberlandesgerichts Düsseldorf: Der Ermittlungszweck hätte »auch erreicht werden können«, wenn die Rasterfahndung von vornherein auf einen kleineren Personenkreis beschränkt worden wäre (Az. 3 Wx 357/01 ua). Zuvor hatte schon das Wiesbadener Landgericht die Pflicht der Hochschulen und Meldebehörden zur Mitwirkung an der Rasterfahndung aufgehoben. Es hätte keine Anhaltspunkte dafür gegeben, dass Terrorakte in Deutschland unmittelbar bevorstanden. Die bloße Möglichkeit von Terroranschlägen reiche als Grundlage für eine Rasterfahndung nicht aus (Az. 4 T 707/01).

Rasterfahndungen greifen mit richterlicher Genehmigung auf außerpolizeiliche Datenbestände zu. Die sogenannte positive Rasterfahndung stützt sich auf die herkömmliche Fahndungsmethode der Polizei, wenn sie nach unbekannten Tätern mit beschreibenden, also positiven Kriterien sucht – etwa: 1,80 Meter groß, schwarzhaarig, Tätowierung am Arm,

Verdächtig   53

von Beruf Schlosser. Mit moderner Technik wird hier die Suche in außerpolizeilichen Dateien beschleunigt. Hauptanwendungsfall der negativen Rasterfahndung ist dagegen das Aufspüren der Träger von Falschnamen oder Falschidentitäten. Wenn der Verdacht besteht, dass in einem außerpolizeilichen Datenbestand Falschnamen oder Falschidentitäten vorhanden sind, müssen alle legalen Namensträger so lange herausgelöscht werden, bis nur noch illegale Namensträger übrig bleiben. Die positive wie die negative Rasterfahndung sind seit 1988 in der Strafprozessordnung geregelt. Praktiziert wurde sie allerdings schon viel früher: 1979 wurde binnen 17 Minuten Frankfurt am Main durchgerastert, fünf Drogenhändler plus der RAF-Terrorist Rolf Heißler aufgespürt.

Bedenklich ist Rasterfahndung dann und nur dann, wenn mit den Datenmengen nicht bloß gerastert, sondern sonst Schindluder getrieben wird – oder wenn die Täterprofile so schludrig oder aus Mangel an Detailkenntnissen so allgemein gewählt werden, dass zuhauf Unbeteiligte in die Fänge geraten. So war es bei der Suche nach islamistischen Terroristen im Herbst/ Winter 2001/2002. Da geriet einer schon in Verdacht, wenn er Muslim in einem bestimmten Alter war. Penibilität wäre gefordert gewesen. Es wäre um die Rehabilitation einer Fahndungsmethode gegangen. Dies ist gescheitert.

Zweitens Datenschutz: Wer nach zahlreichen Gesetzesänderungen immer noch behauptet, dass Datenschutz Täterschutz sei, der ist beweispflichtig – und kommt dann schnell ins Stottern. Die Politiker der inneren Sicherheit tun so, als sei der Datenschutz etwas Unanständiges für unanständige Leute. Wer, so heißt es abschätzig, den Datenschutz als Heiligtum betrachte, der werde schon seinen Grund haben. Vielleicht trägt auch die unglückliche Bezeichnung schuld daran, dass es so leicht fällt, den Datenschutz als Sündenbock zu peitschen. Datenschutz – wo es doch in Wahrheit um den Schutz der Persönlichkeit geht. Auch denen, die gern gegen den »Datenschutz« wettern, ist es nicht egal, ob ihre Gesundheitsstörungen, privaten Neigungen, ihre Urlaubsgewohnheiten, Risikofaktoren,

Heribert Prantl

Arbeitslosenzeiten und deren Gründe, Familiensituation und Einkommen in irgendwelchen Computern gespeichert werden. Datenschutz, so hat es die frühere baden-württembergische Datenschutzbeauftragte Ruth Leuze einmal gesagt, ist das Recht jedes Einzelnen, »grundsätzlich selbst darüber zu entscheiden, wer wann was über ihn wissen darf «. Von diesem Grundsatz bleibt immer weniger übrig – nach den neuen Anti-Terror-Gesetzen ist es noch weniger.

Drittens, die Gesetzgebungsmaschinerie: Symbolische Gesetzgebung hilft ebensowenig wie, siehe oben, Sündenbock-Theorien. Künftig soll, so wurde es in einem ersten schnellen Anti-Terror-Gesetz beschlossen, von der deutschen Justiz auch die Mitgliedschaft in und die Unterstützung von ausländischen kriminellen und terroristischen Vereinigungen bestraft werden. Das klingt gut, bringt aber nichts. Muss nun Arafat auf Deutschlandbesuch verhaftet werden? Wann ist eine ausländische Vereinigung terroristisch, wann ist sie eine Freiheitsbewegung? Muss das, wenn die Vereinigung Erfolg hat, möglicherweise neu beurteilt werden? Die unlösbaren Schwierigkeiten, die in der neuen Vorschrift stecken, hat schon vor Jahren der damalige Generalbundesanwalt Kurt Rebmann geschildert (nachzulesen in der *Neuen Zeitschrift für Strafrecht* 1986, S. 291). Rebmann, ein konservativer Haudegen, ist liberaler Anwandlungen nicht verdächtig. Er also fragte sich, wie deutsche Gerichte, ohne Ermittlungsmöglichkeiten vor Ort, Feststellungen über ausländische Organisationen treffen sollen – und kommt zu den entscheidenden Fragen. Nimmt »berechtigter Widerstand gegen ein Unrechtssystem einer ausländischen Organisation die Qualifikation einer terroristischen Vereinigung«? Was passiert, wenn sie die Regierungsgewalt übernimmt und ihr früheres Verhalten legalisiert? Rebmann hatte und hat Recht. Sicherheitspolitik besteht nicht darin, vorschnell irgendwelche Gesetze zu produzieren. Aber: Das war erst der Anfang. Es sollte im 2. Anti-Terror-Gesetz noch viel schlimmer kommen.

Es hat schon seinen guten Grund, dass Gesetze im Parlament gemacht werden und nicht in der Wurstfabrik. Die Produktion von Gesetzen ist etwas aufwendiger und ein wenig wichtiger. Gesetze sind auch nicht dafür da, den plötzlichen Appetit der Politik zu stillen. Ein ausgeklügeltes Verfahren mit erster, zweiter und dritter Lesung soll deshalb dafür sorgen, dass der Gesetzgeber mit Umsicht zu Werke geht und nicht einfach die Unrast und die politische Eiferei des Tages zu Paragraphen formt. Gesetzgebungsverfahren, die ablaufen wie die wilde Jagd, sind verdächtig.

Schon der hastige Gang der Dinge beim 2. Anti-Terror-Gesetz, mit dem die Bundesregierung auf den 11. September 2001 reagierte, war also anrüchig. 7. November 2001: Das Bundeskabinett billigt den vom Bundesinnenminister Otto Schily vorgelegten Gesetzesentwurf. 15. November 2001: Erste Lesung im Bundestag. 30. November 2001: Erste Debatte im Bundesrat. Sachverständigenanhörung im Innenausschuss des Bundestags. 12. Dezember 2001: Der Innenausschuss lässt das Gesetz passieren, das in seiner endgültigen Fassung erst am Tag vorher vorgelegt wurde. 14. Dezember 2001: Zweite und dritte Lesung im Bundestag. 20. Dezember 2001: Der Bundesrat billigt das Gesetz. 1. Januar 2002: An diesem Tag sollten die neuen Gesetze in Kraft treten. Doch der Bundespräsident unterzeichnet das Gesetz, der Weihnachtsfeiertage wegen, nicht mehr rechtzeitig. Er tut das erst am 8. Januar 2002: Die neuen Gesetze stehen im Bundesgesetzblatt und treten am 11. September in Kraft.

Keiner blickt durch, aber alle sind dafür

»Was ist gefährlicher als Anthrax?«, fragte der Kommentator in der amerikanischen Zeitung *Boston Globe*. Und er gab sogleich selbst die Antwort: »Eine neue Verordnung von John Ashcroft.« Der Fundamentalist im Amt des US-Justizministers hatte Anti-Terror-Vorschriften auf den Markt gebracht, deren Verfassungsferne die juristischen Fakultäten von Harvard und Princeton in Angst und Schrecken versetzten. Schon das Tempo, das bei der Produktion der einschlägigen Gesetze herrscht, machte US-Bürgerrechtler schwindelig. Antreiber war dabei der amerikanische Justizminister. In Deutschland spielte diese Rolle Bundesinnenminister Otto Schily.

Er peitschte das Anti-Terrorismus-Gesetz in einer Hast durchs Parlament, dass den Parlamentariern zum Nachdenken und Beraten keine Zeit blieb. Als der Bundestag am Freitag, dem 14. Dezember 2001 das Gesetz verabschiedete, wusste kaum einer der Parlamentarier, worüber er da eigentlich abstimmte. Buchstäblich bis zur letzten Sekunde war zwischen den Regierungsparteien einerseits, Schily und den Bundesländern andererseits verhandelt und am Gesetz gefeilt worden. Schließlich blickte kaum mehr einer durch, aber alle waren dafür: Weil Sicherheit hoch im Kurs steht, weil die Sozialdemokraten nichts gegen ihren Schily sagen, weil die Grünen nicht gegen ein Gesetz stimmen, das sie selbst mitberaten haben, und weil die Union bei keinem Paket die Annahme verweigert, bei dem »Sicherheit« draufsteht. Auf diese Weise wurde aus dem Gesetzgeber ein Bundes-Parcel-Service, der Gesetzespakete fertig geschnürt annimmt und zur Bundesdruckerei befördert. So ein Prozedere hat mit einem regulären Gesetzgebungsgang nichts mehr zu tun; es war und ist eine Farce. Ein Parlament, das da überstürzt mitmacht, verdient allenfalls Mitleid, aber nicht den Namen Gesetzgeber. Es sollte sich Gepäckträger der Regierung nennen.

Wenn in den USA die Kongressabgeordneten bei der Verabschiedung des »Patriot Act«, also der US-amerikanischen Anti-Terrorgesetze, deren Inhalt nicht kannten, dann hatte das den Grund, dass das Parlamentsgebäude wegen Milzbrandgefahr evakuiert und die Unterlagen in den verriegelten Gebäuden zurückgeblieben waren. In Deutschland war der Grund für die weitgehende Unkenntnis der Abgeordneten viel simpler: Der Zeitplan, den Schily durchgesetzt hatte, duldete keine parlamentarischen Beratungen. An der Verabschiedung des Gesetzespakets noch vor Weihnachten 2001 maß der Minister seine exekutive Kraft. Als er sich am Heiligen Abend das Sicherheitspaket unter den Christbaum legte, konnte er stolz von sich sagen, dass noch kein Innenminister der Bundesrepublik Gesetzesänderungen von dieser Dimension in so kurzer Zeit durchgesetzt hat. Verglichen damit waren selbst die Verschärfungen der RAF-Zeit pointillistischer Natur: Sie waren zwar tiefgreifend, beschränkten sich aber auf wenige Punkte. Das Schily-Paket dagegen sah aus wie ein gigantisches Fresspaket nach einem Streifzug durch den rechtspolitischen Supermarkt: Mehr als hundert Gesetzesänderungen lagen im Korb. In der Geschichte der Bundesrepublik sind noch nie so viele Gesetze auf einen Schlag geändert und verschärft worden; so offen wie in diesen Gesetzen ist noch nie ausgesprochen worden, dass der Bürger nicht mehr Subjekt, sondern Objekt der Gesetze ist.

Wie der islamistische Terrorismus das Recht verändert hat

Auch auf die Gefahr hin, dass man sich in diesen Zeiten verdächtig macht, wenn man zu viel vom Grundgesetz redet: Es schützt jeden »gegen die unbegrenzte Erhebung, Speicherung, Verwendung und Weitergabe seiner Daten«. Das ist kein Satz aus dem Protokoll der Jahreshauptversammlung der Datenschützer, er stammt auch nicht aus dem Verhandlungspapier der Grünen zum Sicherheitspaket von Otto Schily. Es handelt sich um die zentrale Stelle im Volkszählungs-Urteil des Bundesverfassungsgerichts von 1983: Dort hat das höchste Gericht das Recht des Einzelnen »auf informationelle Selbstbestimmung« formuliert. Der Bundesinnenminister hat dieses Recht demontiert. Aus dem Recht auf informationelle Selbstbestimmung wurde im Anti-Terror-Gesetz des Jahres 2001 die Pflicht jedes Bürgers, informationelle Fremdbestimmung zu erdulden. Kein Mensch weiß mehr, welche staatlichen Stellen über ihn wann, was, warum, wozu und wie lange gespeichert haben, was mit diesen Informationen geschieht und wer darauf zugreift. Bei der ersten Lesung des Anti-Terror-Gesetzes am 15. November 2001 hatte Schily davor gewarnt, ihm bei seinen Plänen »in den Arm« zu fallen. Es hätte aber sein müssen. Die Grünen

Heribert Prantl

hätten es tun müssen, aufrechte Sozialdemokraten auch, die Kabinettskollegin Herta Däubler-Gmelin hätte es tun müssen – nun muss es das Bundesverfassungsgericht tun.

Terrorismusbekämpfungsgesetz 2001 bedeutet: Die Geheimdienste werden zu einer Art Polizeiorgan; sie dürfen wie die Polizei ermitteln, ohne aber wie die Polizei kontrolliert zu werden. Kein Staatsanwalt und kein Richter kontrolliert die Geheimdienste, es gibt nur parlamentarische Ausschüsse, die recht und schlecht eine Art Aufsicht wahrnehmen sollen. Weitgehend kontrollfreie geheimpolizeiliche Ermittlungen - das Recht dazu gibt es nun, wenn auch in unterschiedlichem Umfang, für jeden der drei deutschen Geheimdienste: für den Auslandsnachrichtendienst BND; für den Inlandsgeheimdienst, genannt Bundesamt für Verfassungsschutz; und für den Militärischen Abschirmdienst MAD. Sie alle sind nun in den Bereichen tätig, für die originär Polizei und Staatsanwaltschaft zuständig sind. Ganz neu ist diese Entwicklung nicht. Die Tendenz zur Verquickung von Polizei und Geheimdienst, die, wie gesagt, mit dem Verbrechensbekämpfungsgesetz 1994 begonnen hat, erhielt aber jetzt einen kräftigen neuen Schub.

Terrorismusbekämpfungsgesetz 2001 bedeutet auch: Eine Ausforschungslawine (samt Regelanfrage bei Justiz und Verfassungsschutz) überrollt potenziell Hunderttausende von Beschäftigten bei Transport-, Versorgungs- und Verkehrsbetrieben sowie Rundfunk- und Fernsehsendern. Das neugeregelte Sicherheitsüberprüfungsgesetz ermöglicht nämlich die Sicherheitskontrolle eines großen Teils der arbeitenden Bevölkerung samt Ehepartnern und Lebensgefährten. Weil der »Quellenschutz gewährleistet« ist, kann sich der Betroffene gegen anonyme Anschuldigungen kaum wehren. Staatliche Stellen nehmen also Einfluss auf die Möglichkeit, in privaten Firmen Beschäftigung zu finden oder zu behalten. Im Zuge des »vorbeugenden Sabotageschutzes« wird ein neues, für die Betroffenen unkontrollierbares Qualifikationsmerkmal bei der Besetzung von Arbeitsplätzen eingeführt. In vielen Fällen wird der Überprüfte von der Überprüfung gar nichts erfahren – und sich nur wundern, wenn er eine Stelle nicht bekommt. Mit dem Sicherheitsüberprüfungsgesetz können sich nun die (beamtenrechtlichen) Berufsverbote der siebziger und achtziger Jahre im erheblich größeren Maßstab wiederholen. Von einer nachrichtendienstlichen »Zwangsbewirtschaftung von Arbeitplätzen« spricht Dieter Hummel von der Vereinigung Demokratischer Juristinnen und Juristen.

Weil Geheimdienste eine heimliche Staatsgewalt sind, weil sie eine unheimliche Palette nachrichtendienstlicher Mittel (ohne richterliche Genehmigung) anwenden dürfen, war der Einsatz von Geheimdiensten bei der Kriminalitätsbekämpfung in der Bundesrepublik jahrzehntelang tabu. Den Geheimdiensten, die von der Justiz nicht kontrolliert werden, waren diese Sonderrechte also nur zum Schutz der freiheitlich-demokratischen Grundordnung eingeräumt. Das heißt: Die Tür zwischen Geheimdienst und Polizei war versperrt. Das Verbrechensbekämpfungsgesetz von 1994 öffnete sie erstmals einen Spalt. Jetzt wird die Tür immer weiter aufgestoßen. Am Beispiel des BND lässt sich diese Entwicklung anschaulich beschreiben: Ursprünglich beschränkte sich seine Aufgabe darauf, Informationen zu beschaffen, die für die außenpolitische Strategieplanung, also für die äußere Sicherheit wichtig waren. 1994 wurde er auch zuständig, wenn es um Informationen über Drogenkriminalität, Geldfälschung oder Geldwäsche geht. Zu diesem Zweck installierte das Gesetz von 1994 beim BND den sogenannten elektronischen Staubsauger: Ein Aufzeichnungsgerät schaltet sich ein, sobald im internationalen Telefonverkehr ein bestimmtes Stichwort fällt. Ergeben sich Hinweise auf Straftaten, werden sie an die zuständigen Verfolgungsbehörden weitergegeben. Der BND wurde Zulieferer, das große Ohr der Polizei.

Dieses Prinzip wird mit dem Terrorismusbekämpfungsgesetz 2001 ausgeweitet: Der BND darf noch mehr abhören, auch im Inland, er darf auch auf Bank-, Post- und Luftverkehrsdaten zugreifen – und zwar ohne die staatsanwaltschaftlichen oder richterlichen Genehmigungen, die ansonsten bei regulären Ermittlungen stets erforderlich sind. Die ohne diese Voraussetzungen gewonnenen Erkenntnisse dürfen gleichwohl anschließend polizeilich verwertet werden. Das bedeutet: Die Vorschriften des Strafverfahrensrechts können jetzt leicht umgangen werden. Was auf der Grundlage der ordentlichen Vorschriften nicht ginge, das geht jetzt unter Zuhilfenahme der außerordentlichen Regeln für die Geheimdienste – die dann ihre Erkenntnisse bei der Polizei abliefern.

Der Inhalt der Anti-Terror-Gesetze in geraffter Form:

Geheimdienste: Sie dürfen bei Kreditinstituten, Luftverkehrsunternehmen, Post- und Kommunikations-Dienstleistern jederzeit Daten abfragen und Auskünfte einholen, »im Einzelfall«, wie es heißt. Diese Befugnisse, die auch weiterhin keiner Kontrolle durch die Justiz, sondern nur einer parlamentarischen Kontrolle unterworfen sind, werden auch den Landesämtern für Verfassungsschutz eingeräumt. Wenn Geheimdienstler sich in Privatwohnungen begeben, darf, zu ihrem Schutz, dort der Lausch- und Spähangriff praktiziert werden. Der Betroffene jedenfalls erfährt von alledem erst einmal gar nichts, sondern vielleicht nach fünf oder sechs Jahren – dann nämlich, wenn, wie es im Bundesverfassungsschutzgesetz heißt, eine Gefährdung der Aufgabenstellung des Verfassungsschutzes »nicht mehr zu besorgen ist«. Erst dann kann sich der Betroffene gegen die Maßnahmen vor Gericht wehren – vorher sind sie, daher der Name Geheimdienst, »geheim« und der ordentlichen juristischen Kontrolle entzogen.

Sicherheitsüberprüfungen: Personen, die in sicherheitsempfindlichen und lebenswichtigen Einrichtungen arbeiten, werden vom Geheimdienst überprüft. Der betroffene Personenkreis wird im Vergleich zum bisherigen Rechtszustand erheblich ausgeweitet. Welche Behörden und Betriebe dies betrifft, wird per Rechtsverordnung vom Bundesinnenminister festgelegt. Die gesetzliche Vorgabe dafür lautet: »Einrichtungen, die für das Funktionieren des Gemeinwesens unverzichtbar sind und deren Beeinträchtigung erhebliche Unruhe in großen Teilen der Bevölkerung entstehen lassen würde.« Folge

Verdächtig

der Überprüfung kann sein: Faktisch nicht angreifbare arbeitsrechtliche Kündigung oder Nichteinstellung. Nach dem Wortlaut des Gesetzes kann der Personenkreis, der sich künftig einer Sicherheitsüberprüfung unterziehen muss, sehr weit gezogen werden. In Betracht kommen auch Journalisten bei Funk und Fernsehen, Chemiker bei der BASF, Monteure bei der Telekom und möglicherweise sogar »Arbeiter bei Kleinfirmen, die in Elektrizitäts- oder Wasserbetrieben tätig sind« (so Dieter Hummel von der Vereinigung Demokratischer Juristinnen und Juristen).

Bundeskriminalamt (BKA): Seine Kompetenzen werden deutlich ausgeweitet. Es kann »Daten zur Ergänzung vorhandener Sachverhalte« erheben. Diese Formulierung kann das Tor zu verdachtsunabhängigen BKA-Ermittlungen öffnen.

Bundesgrenzschutz (BGS): In Flugzeugen dürfen Beamte von Polizei und Bundesgrenzschutz als Sicherheitskräfte (so genannte Sky Marshals) eingesetzt werden, nicht aber private Sicherheitsdienste.

Asylverfahren: Die Stimme des Ausländers darf aufgezeichnet und gespeichert werden – um feststellen zu können, wo er herkommt, so lautet die Begründung dafür. Ausweisungsgründe werden ausgeweitet. Fingerabdrücke und andere die Identität sichernden Unterlagen werden künftig zehn Jahre aufbewahrt. Die Daten dürfen unter bestimmten Bedingungen an ausländische Stellen weitergegeben werden.

Ausländergesetz: Die Gründe für die Versagung einer Aufenthaltsgenehmigung werden erweitert. Versagungsgrund ist künftig auch die Gefährdung der freiheitlich-demokratischen Grundordnung oder der deutschen Sicherheit. Ein Versagungsgrund besteht weiter dann, wenn »Tatsachen belegen«, dass der Ausländer eine terroristische Vereinigung unterstützt. Die Tatsachen stellt die Behörde fest. Auch die Ausweisungsgründe werden erweitert.

Ausländerzentralregister: Die Sicherheitsdienste dürfen künftig den gesamten Datenbestand in einem automatisierten Verfahren abrufen. Es soll auch die Religionszugehörigkeit von

Ausländern gespeichert werden; die Angabe ist jedoch freiwillig. Eine Speicherung der ethnischen Zugehörigkeit entfällt.

Pass/Personalausweis: Sie dürfen »neben Lichtbild und Unterschrift weitere biometrische Merkmale von Fingern oder Händen oder Gesicht des Inhabers enthalten«. Diese Merkmale dürfen verschlüsselt werden, das heißt, der Ausweisinhaber kann selbst nicht erkennen, welche Angaben auf dem Ausweis stehen. Ein Bundesgesetz soll Näheres regeln. Eine bundesweite Zentraldatei über diese Merkmale wird nicht eingerichtet – ein letztes Ergebnis rot-grüner Verhandlungen.

Vereinsgesetz: Die Verbotsgründe für Ausländervereine werden erweitert. Sie können unter anderem verboten werden, wenn »ihr Zweck oder ihre Tätigkeit die politische Willensbildung oder das friedliche Zusammenleben von Deutschen und Ausländern oder von verschiedenen Ausländergruppen im Bundesgebiet, die öffentliche Sicherheit oder sonstige erhebliche Interessen der Bundesrepublik Deutschland beeinträchtigt oder gefährdet«.

Handy-Erkennung: Der Einsatz so genannter IMSI-Catcher wird rechtlich geregelt. Mit dieser Technik können Kennung und Standort eines Handys ermittelt werden. Dabei werden auch Mobiltelefone im Umkreis erfasst. Für Daten unbeteiligter Dritter besteht ein absolutes Verwendungsverbot. Diese Daten müssen gelöscht werden.

Befristung: Die Neuregelungen zu den Geheimdiensten sowie zur Sicherheitsüberprüfung werden auf fünf Jahre befristet.

Selten war ein Gesetzesentwurf so vernichtend beurteilt worden wie der für dieses Gesetz. Die juristische Prüfung durch das dafür zuständige Bundesjustizministerium kam (wenn man das Juristendeutsch in eine Sprache übersetzt, wie sie in Zeugnissen üblich ist) zu dem Ergebnis: Note sechs, ungenügend, bodenlos. In der verfassungsrechtlichen Beurteilung des Schily-Gesetzes durch das Justizministerium folgte ein Veto auf das andere: »Rechtsstaatlich problematisch« und »verfassungsrechtlich bedenklich«, hieß es da. An einigen Stellen verfiel der verfassungsrechtliche Prüfer schier in Schreckstarre – etwa bei dem ursprünglichen Vorhaben des Bundesinnenministers, sich selbst an die Stelle des Parlaments zu setzen und mit freier Hand darüber zu entscheiden, welche biometrischen Daten künftig für den Inhaber unsichtbar auf den Personalausweisen gespeichert werden sollen. In einer Demokratie werden aber die grundlegenden Entscheidungen vom Parlament getroffen. Die Selbstermächtigung zumindest wurde deshalb aus dem Gesetzentwurf noch herausgestrichen. Vieles andere ist geblieben.

Unerhörte Kritik

Eine Anhörung zu einem Gesetzentwurf dient dazu, besonderen Sachverstand von außen in das Gesetzgebungsverfahren einzubringen – und unter dem Eindruck der Gutachten den Entwurf zu überdenken. Zum Überdenken und Überarbeiten gab es bei den Anti-Terror-Gesetzen keine Zeit: Alsbald nach der Anhörung wurden sie in dritter und letzter Lesung verabschiedet. Zu diesem Zeitpunkt waren noch nicht einmal die Protokolle der Sachverständigenanhörung geschrieben. Und so blieben die Mahnungen, Warnungen und Anregungen unerhört.

Der Deutsche Richterbund zum Beispiel hielt es für »besonders bedenklich«, dass die Verfassungsschutzämter zu Ermittlungsbehörden weiterentwickelt werden, »die einer justiziellen Kontrolle nicht unterliegen«.

Der Berliner Professor für Staats- und Verwaltungsrecht Martin Kutscha sprach davon, dass Verfassungsschutz und Bundesnachrichtendienst durch die Befugniserweiterungen »eine Kompetenzfülle erhalten«, die diese Behörden in die Nähe der Geheimdienste totalitärer Staaten rückten. Kutscha teilte die Kritik, die auch schon Datenschutzbeauftragte von Bund und Ländern geäußert hatten und erklärte:»Ohne Rücksicht auf das Übermaßverbot wird in dem Gesetzentwurf vorgeschlagen, was technisch möglich erscheint, anstatt zu prüfen, was geeignet und erforderlich ist.« Dadurch würde »der Ausnahmezustand zur Norm erhoben«, viele unbescholtene Einzelpersonen würden ohne ihr Wissen in Dateisystemen erfasst, »ohne konkrete Verdachts- und Gefahrenlage«.

Der Frankfurter Anwalt und Ausländerrechtspezialist Reinhard Marx rügte, dass das Gesetz »an keiner Stelle einen bestimmten Begriff des Terrorismus« entwickle. Das Gesetz verwende einen »unreflektierten Begriff der terroristischen Vereinigung und deren Unterstützung«, der nicht näher definiert werde, aber gleichwohl Anknüpfungspunkt einschneidender Freiheitseingriffe sei: Angehörige der zweiten Ausländergeneration, also faktisch Inländer, würden bei einer nicht näher definierten »Unterstützung« des Landes verwiesen. Marx stellte die Frage, »warum ein nach seiner Intention den Terrorismus bekämpfendes Gesetz zugleich einschneidende Rechtsverkürzungen für eine Gruppe von Personen herbeiführen will, die nach den Erfahrungen der Vergangenheit in aller Regel keinerlei Nähe zu terroristischen Gruppierungen aufweisen«. Die Ausweisungs-Tatbestände des Gesetzes knüpften nämlich, so der Sachverständige, entweder an Fehlentwicklungen in der jugendlichen Sozialisationsphase oder an Fälle allgemeiner Kriminalität an. Christoph Gusy von der Uni Bielefeld schließlich stellte fest, dass sich »Zielrichtungen, Aufgabenstellung und Methoden von Nachrichtendiensten und Polizei« einander weiter annähern.

Und in einem waren sich die Experten bei der Anhörung im Innenausschuss einig: Wir wissen nicht, wo das alles hinführt – aber dafür sind wir schneller dort. Im Zweifel liegt das »dort« weitab vom Rechtsstaat.

Der Gesetzgeber wollte, konnte, durfte sich mit dieser Kritik nicht mehr beschäftigen. Vergeblich rief der Deutsche Anwaltverein in einem Brief an alle Bundestagsabgeordneten dazu auf, das Anti-Terror-Gesetz »nicht durchzupeitschen«. Anwaltspräsident Michael Streck nannte die »Hektik« des Verfahrens »befremdlich« und wies warnend darauf hin, dass mit diesem Gesetz »tief in die Freiheitsrechte« eingegriffen würde. Ob die Maßnahmen zum Schutz vor terroristischen Anschlägen erforderlich und geeignet seien, sei völlig ungewiss. Stattdessen entstehe der Eindruck eines Versuches, »die Ungunst der Stunde zu nutzen, um alle Blütenträume von Sicherheitspolitikern reifen zu lassen«. Der Anwaltspräsident hatte Recht: Das Gesetz heißt zwar »Terrorismusbekämpfungsgesetz«, doch dieser Name ist eine Untertreibung. Es ist nämlich ein Gesetz gegen die Gewalt und gegen Risiken im Allgemeinen: Gegen sie soll weit abseits von justizieller Kontrolle vorgegangen werden. Man muss sich das Gesetz so vorstellen: An eine starke Lokomotive mit der Aufschrift »New York/11. September« wurden viele, viele Güterwaggons angehängt, voll beladen mit allen möglichen neuen Paragraphen, die überwiegend mit Terrorismusbekämpfung wenig oder gar nichts zu tun haben. Niemand hat den Zug gestoppt. Keiner hat die Waggons abgekoppelt.

Wie kriege ich eine Schlagzeile

Wenn man die Vorschläge zur angeblichen Verbesserung der inneren Sicherheit, die schon Gesetz geworden sind, und die, die noch Gesetz werden sollen, zusammenschreibt, dann kommt ein Loi martiale heraus. Ein Gesetz dieses Namens stand am Anfang der Französischen Revolution. Es sah bei »Gefährdung der öffentlichen Sicherheit« den Einsatz der bewaffneten Macht, die Suspension von Grundrechten und die Einrichtung einer außerordentlichen Gerichtsbarkeit vor. Damals genügte es zu diesem Zweck, am Hauptfenster des Stadthauses eine rote Fahne herauszuhängen.

Ganz so einfach ist das zwar heute nicht. Zwischen martialischen Forderungen und ihrer Umsetzung steht der Gesetzgeber und, wenn es Not tut, das Bundesverfassungsgericht. Auf den Gesetzgeber ist freilich, siehe oben, wenig, und auf das Verfassungsgericht auch nicht immer Verlaß. Deswegen kann man selbst die absurdesten Vorschläge, die in echten oder vermeintlichen Krisenzeiten von den Politikern der inneren Sicherheit gemacht werden, nicht einfach unter der Rubrik abheften: »Wie kriege auch ich in diesen Zeiten eine Schlagzeile«. Die Forderung etwa, die Bundeswehr als Hilfspolizei einzusetzen, wird nicht besser, wenn sie in jeder besonderen Gefahrensituation wiederholt wird. Aber man beginnt, sich an sie zu gewöhnen. Die Bundeswehr hat schon genug Aufgaben im Äußeren – und weiß schon jetzt nicht, wie sie die vernünftig erfüllen soll. Wenigstens ein bisschen Objektschutz im Inneren? Die Bundeswehr ist nicht einmal in der Lage, ihre Kasernen zu schützen, und stellt zu diesem Zweck zivilen Wachtdienst an.

Im Übrigen: Sollen künftig wirklich Wehrpflichtige mit der MP vor öffentlichen Gebäuden stehen? Soll Militär Privatwohnungen stürmen? Dann wäre eine Razzia keine polizeiliche Unternehmung mehr, sondern eine militärische Operation. Wohin das führt, hat man auf dem Weltwirtschaftsgipfel in Genua im Jahr 2001 gesehen: An der Eskalation der Gewalt war ganz wesentlich eine Polizei schuld, die zum Teil dem Verteidigungsministerium untersteht – die also militärisch agiert und von Deeskalation noch nie etwas gehört hat.

Es gibt nicht den großen goldenen Schlüssel für mehr innere Sicherheit. Es gibt aber viele kleine Schlüssel – die machen nicht so viel her, sind aber wirksam. Bevor man an neuen Gesetzen laboriert, sollte beispielsweise endlich das polizeiliche Informationssystem »Inpol neu« vernünftig ausgearbeitet und in Gang gebracht werden. Noch immer ist es so, dass 16 Bundesländer und der Bund jeweils mit ihren eigenen, weitgehend inkompatiblen Systemen operieren. Die Landesrechner und der Bundesrechner des BKA sind derzeit alle mit unterschiedlicher Hard- und Software ausgestattet und damit zu weitgehend isolierten Arbeitsinseln geworden. Die Kommunikation untereinander, so schreibt Waldemar Burghard in einem Editorial der Fachzeitschrift *Kriminalistik* (12/2001), »ist ein Vabanquespiel«. Der Zentralrechner des BKA verschleißt seine Kapazitäten vornehmlich als Dolmetscher zwischen den Ländersystemen. Burghard schlägt ein polizeiliches Informationssystem vor, wie es sich auch der alte Datenverarbeitungskriminalist Horst Herold erträumt: ein System, das nicht mehr, wie bisher, hierarchisch aufgebaut ist, sondern eines, das auf polizeilichen Leitungen so funktioniert wie das Internet – das also mit Hilfe von Suchmaschinen von den berechtigten Polizeibeamten mit jeder beliebigen Suchkombination befragt werden und mit dem jeder Nutzer mit jedem anderen unmittelbar kommunizieren kann. Offensichtlich braucht es aber dafür mehr politische Kraft als für hundert neue Sicherheitsgesetze. Kleine Schlüssel für mehr Sicherheit. Noch ein Beispiel: Schon zu RAF-Zeiten, nach der Entführung einer Lufthansa-Maschine von Palma de Mallorca nach Mogadischu 1977, stellten die Sicherheitsbehörden fest, dass es keine zuverlässigen Passagierlisten gibt. Die mutmaßliche Identität der Entführer konnte erst durch einen Abgleich der Hotelmeldezettel von Palma ermittelt werden. Daraus leitete damals die AG Kripo die Forderung ab, den Kauf eines Flugscheines künftig von der Vorlage eines Personalausweises abhängig zu machen. Derzeit enthalten die Fluglisten willkürliche Daten, da jeder einen frei gewählten Namen angeben kann. Die Vorlage eines Personalausweises beim Kauf des Flugscheines bringt, vielleicht, Unannehmlichkeiten – aber ein wenig mehr Sicherheit.

Im deutschen Labyrinth

Wenn es um neue Sicherheitsgesetze geht, kann die herrschende Politik Tür und Tor gar nicht schnell und weit genug aufreißen. Wenn es dagegen um ein Zuwanderungs- und Integrationsgesetz geht, kann das Verriegeln und Vernageln von Tür und Tor, jedenfalls für die CDU/CSU, gar nicht schnell genug gehen. Dabei geht es hier um den inneren Frieden – also um ein wirkliches Sicherheitsgesetz: um ein Recht, das Ausländern in Deutschland und ihren Familien Rechtssicherheit gibt, das sie nicht mehr als potenzielle Gefahr für Deutschland, sondern als potenzielle neue Staatsbürger behandelt.

Das erste Labyrinth der Weltgeschichte baute der Baumeister Dädalus auf Kreta für den wilden Stier Minotauros. Eines der letzten bekannten Labyrinthe baute die Regierung Kohl

Heribert Prantl

mit dem Ausländergesetz von 1990 für die Ausländer, die nach Deutschland kommen und in Deutschland leben wollen. Gemein ist allen Labyrinthen, dass es aus ihrem Gewirr kaum ein Entrinnen gibt: Man verirrt sich, gerät in Sackgassen, kommt nicht weiter. Das deutsche Labyrinth besteht freilich nicht aus Mauern wie das der griechischen Sage, und auch nicht, wie die Irrgärten des Barock, aus Hecken und Zäunen. Es besteht aus Paragraphen.

Das deutsche Ausländergesetz von 1990 ist ein Gesetz von heilloser Kompliziertheit, das schon deshalb Einwanderern nicht Sicherheit, sondern Unsicherheit gibt. In einem Wust von peniblen Einzelregelungen, von Voraussetzungen und Bedingungen geht die Rechtsklarheit unter. Es ist nicht so, wie immer wieder behauptet, dass Einwanderung in Deutschland seit diesem Gesetz von 1990 ungesteuert geschieht – sie ist fehlgesteuert. Dieses Ausländergesetz sagt zu Einwanderung und Integration nur ganz verhalten »Ja«, schüttet aber dieses leise »Ja« dann mit zwanzig »Aber« wieder zu.

Ein neues Recht muss die Phase des kalten bürokratischen Krieges in der deutschen Innenpolitik beenden: Er fand statt in den deutschen Ausländerämtern, in denen die Kundschaft so behandelt wurde, wie das Gesetz es befahl – als Gefahr, die man sich vom Leib halten sollte. Ein neues Gesetz muss das grundlegend ändern: Das alte Ausländer-Abwehrrecht muss komplett planiert werden. Das neue Recht darf kein Polizeirecht mehr sein, es muss ein Bürgerrecht sein für Ausländer und künftige Neubürger – kein ausladendes Recht mehr, sondern ein einladendes.

Das zarte Pflänzchen Integration, das in Deutschland zu wachsen begonnen und vielversprechende Gesetzesentwürfe hervorgebracht hatte, ist nach dem 11. September 2001 aus Angst vor dem und den Fremden wieder verdorrt. Bundestagspräsident Wolfgang Thierse hatte am 3. Oktober 2001, bei der offiziellen Feierstunde zum Tag der deutschen Einheit, das Nötige dazu zu sagen versucht: »Wir dürfen uns auch durch die schrecklichen Ereignisse nicht dazu drängen lassen, jetzt

Freiheit und Demokratie infrage stellen und in Zweifel ziehen zu lassen.« Was vor dem 11. September 2001 richtig war, ist auch nach diesem Tag nicht falsch. Es wäre ein makabrer Erfolg der Attentäter, wenn die politischen Ansätze zu einem neuen Miteinander von Alt- und Neubürgern eingefroren blieben.

A propos deutsche Einheit: Es geht nicht nur um die Einheit von Ost und West. Deutsche Einheit – das ist auch die Einheit in der Vielfalt von Alt- und Neubundesrepublikanern, Eingebürgerten und Zugewanderten. Aus dieser Vielfalt und nicht aus einfältigem neuen Misstrauen gegen alles Fremde, formt sich ein wehrhafter Staat und eine starke demokratische Identität.

Kapitel 6

Der allwissende Staat

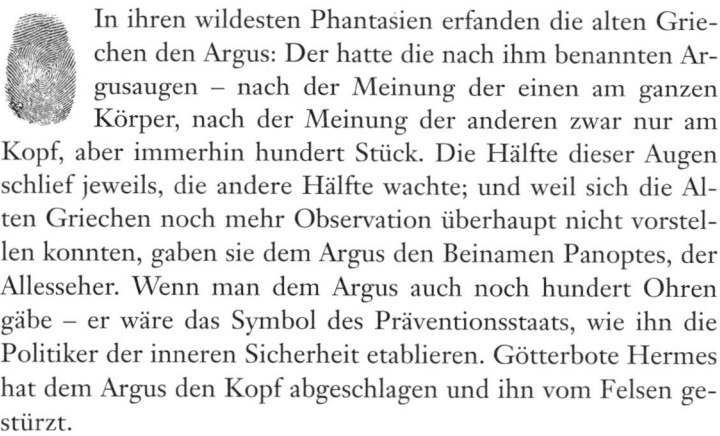In ihren wildesten Phantasien erfanden die alten Griechen den Argus: Der hatte die nach ihm benannten Argusaugen – nach der Meinung der einen am ganzen Körper, nach der Meinung der anderen zwar nur am Kopf, aber immerhin hundert Stück. Die Hälfte dieser Augen schlief jeweils, die andere Hälfte wachte; und weil sich die Alten Griechen noch mehr Observation überhaupt nicht vorstellen konnten, gaben sie dem Argus den Beinamen Panoptes, der Allesseher. Wenn man dem Argus auch noch hundert Ohren gäbe – er wäre das Symbol des Präventionsstaats, wie ihn die Politiker der inneren Sicherheit etablieren. Götterbote Hermes hat dem Argus den Kopf abgeschlagen und ihn vom Felsen gestürzt.

Videoüberwachung: die Argusaugen des starken Staats

Argus war, verglichen mit den neuen Video-Überwachungstechniken, ein harmloser Geselle. Heute nämlich spähen nicht hundert Augen, sondern Hunderttausende von Videokameras und zwar rund um die Uhr. Zumal konservative Innenpolitiker sind regelrecht versessen darauf, Straßen und Plätze mit Videokameras zu bestücken. Die totale Videokontrolle gilt neuerdings als Wunderwaffe zur Kriminalitätsbekämpfung. Die Bürgerrechtler und Datenschützer würden damit am liebsten so verfahren wie Hermes mit dem Argus. Ihre Klagen finden jedoch wenig Gehör.

In den deutschen Kommunen grassiert das öffentliche Videofieber, angesteckt hat man sich in Großbritannien: Allein in London laufen gut zweihunderttausend Videokameras, eine Million sind es im ganzen Land. Zunächst wurden fantastische Aufklärungs- und Kriminalitätsrückgangsquoten gemeldet, nur um kurze Zeit später wieder revidiert zu werden: Zum Einen stellte man fest, dass die Abschreckungswirkung nachlässt, zum Zweiten, dass die Kriminalität in andere Bezirke abwandert. Gleichwohl: In Deutschland hat die CDU die flächendeckende Videoüberwachung in ihr Sicherheitskonzept aufgenommen. Und auch die Innenministerkonferenz hat die Videoüberwachung von »Kriminalitätsbrennpunkten« befürwortet. Man weiß, wo das endet: Die Überwachung breitet sich aus wie ein Ölfleck auf dem Wasser.

Gegen Videoüberwachung besonders gefährdeter Plätze ist kaum etwas einzuwenden. Schlimm wird die Sache dann, wenn sich daran Kriminalitätsbekämpfungs-Fantasien knüpfen, wie sie für den Bereich des internationalen Terrorismus der US-Politiker Richard Perle, der Berater von US-Verteidigungsminister Donald Rumsfeld, verkündet hat: »Wir können alles sehen, was sich bewegt. Und wir können alles zerstören, was wir sehen.« So äußerte sich der Mann am 2. Februar 2001 auf der Münchner Sicherheitskonferenz über die militärischen Fähigkeiten der USA.

Für die Videoüberwachung muß gelten: 1) Beschränkung auf besonders kriminogene Orte. 2) Strikte Kontrolle der anfallenden Datenmassen. 3) Polizeipräsenz ist wichtiger als Kamerapräsenz. Die Kamera springt nicht herunter, wenn sie eine Straftat filmt. Im Übrigen darf man anmerken: Exzessive Kameraüberwachung ist Indiz für eine weiterhin einseitige Konzentration auf bestimmte Formen von Kriminalität. Die Wirtschaftskriminellen, die Großbetrüger und Geldwäscher, erfasst man auf diese Weise nicht. Dafür verdienen die vielleicht an der neuen Überwachungstechnik.

Die CDU fordert jedenfalls eine neuerliche Änderung des Grundrechts auf Unverletzlichkeit der Wohnung, um den so genannten großen Spähangriff auf Privatwohnungen zu ermöglichen. Vor drei Jahren, im Januar 1998, hatte der Bundestag nach jahrelangem heftigen Streit mit Zweidrittelmehrheit das Grundrecht bereits abgeschwächt, um den »großen Lauschangriff« einzuführen. Die Polizei erhielt damals per Verfassungsänderung die Lizenz, in Privat- und Geschäftsräume einzudringen, um dort elektronische Wanzen zu installieren. Diese Befugnis soll nach den Plänen der CDU »auf den Einsatz von Videotechnik zur Wohnraumüberwachung« ausgedehnt werden. Diese Forderungen sind Teil der »Leitlinien zur inneren Sicherheit«, die der Bundesvorstand der Partei beschlossen hat. Nach den Erfahrungen, die beim Diskussionsprozeß über den großen Lauschangriff gemacht wurden, darf man gespannt sein, wie ein sogenannter Kompromiss der großen Parteien über den großen Spähangriff aussehen wird. Vielleicht werden die großen Parteien übereinkommen, dass beim Spähangriff in Privatwohnungen nicht in Farbe, sondern bloß in Schwarz-Weiß gedreht werden darf.

Verbrechensbekämpfungsgesetz 1994: der große Staubsauger des BND

Haben Sie Freunde in Innsbruck? Geschäftspartner in Rom? Erhalten Sie Faxe aus Frankreich? E-Mails aus den USA? Welche Aufträge geben Sie dem Büro in Madrid? Und wie geht es Ihrer Freundin auf Mallorca? Was hat der journalistische Kollege in Belgrad herausgefunden? Wer war bei der Besprechung in Brüssel dabei, und was ist dabei verabredet worden? Und überhaupt: Worüber reden Sie denn so, wenn Sie telefonieren?

Wenn Sie der Meinung sind, das alles gehe niemanden etwas an, dann haben Sie recht. Nur: Das »Verbrechensbekämpfungsgesetz « von 1994 (Gesetze zur inneren Sicherheit tragen seit dreißig Jahren so martialische Namen) ist da anderer Ansicht. Sie wenden jetzt ein: Ich bin aber kein Verbrecher! Macht nichts, sagt der Gesetzgeber. Um »Verbrechen« zu bekämpfen (der Gesetzgeber nennt neuerdings fast alle Straftaten Verbrechen) müssten sich halt auch brave Büroangestellte, ordentliche Professoren, Hausfrauen und Journalisten staatliche Neugier gefallen lassen.

Der Zweck soll, wie so oft, die Mittel heiligen. Also wurde im Verbrechensbekämpfungsgesetz 1994 (das von der CDU/CSU/FDP-Regierung des Kanzlers Helmut Kohl zusammen mit der damaligen SPD-Opposition verabschiedet wurde) festgelegt, dass der Bundesnachrichtendienst (BND) Gespräche des internationalen Telefonverkehrs aufzeichnen darf, sobald dabei bestimmte Stichwörter fallen. Gesetzestechnisch bewerkstelligt wurde das durch eine ausufernde Änderung des sogenannten G-10-Gesetzes, das den Grundrechtsartikel 10 beschränkt, der das Brief-, Post- und Fernmeldegeheimnis schützen soll. Und anlagetechnisch bewerkstelligt wurde das durch Installation eines sogenannten elektronischen Staubsaugers beim BND. Es handelt sich nicht um ein gewöhnliches Haushaltsgerät, bei dem der Dreck mittels eines starken Luftstroms in einem Filterbeutel landet – sondern um ein Gerät aus der Serie Kanther, benannt also nach dem früheren Bundesinnenminister der CDU; und das Rohr hält man auch nicht auf verschmutzte Teppiche, sondern in den Äther und an Telefonleitungen und filtert damit Informationen, Gespräche, die im Ausland oder zwischen dem Aus- und dem Inland geführt werden, wertet sie penibel aus, gibt sie dann, ohne dass der Betroffene etwas davon erfährt, weiter an Polizei, Staatsanwaltschaft und sonstige Interessenten.

Wem dieses Prozedere merkwürdig vorkommt, der liegt richtig: Es war nämlich ein eherner Grundsatz des Polizei- und des Strafrechts, dass nur derjenige vom Staat behelligt wird, der sich verdächtig macht. Hier aber werden nicht zielgerichtet Straftäter, Verdächtige oder deren Kontaktpersonen überwacht, sondern alle, die zum Telefonhörer greifen.

Im Übrigen ist es so, dass den Geheimdiensten Sonderrechte eigentlich nur zum Schutz der freiheitlich demokratischen

Heribert Prantl

Grundordnung eingeräumt sind; mit dem neuen G-10-Gesetz werden ihm jedoch Sonderrechte zur allgemeinen Krimi-nalitätsbekämpfung verliehen – losgelöst von den Kontrollen, die sonst bei der Verhütung und Verfolgung von Straftaten gelten. Wenn der Geheimdienst lauscht, fallen wichtige rechtsstaatliche Sicherungen weg: Es bedarf keines Tatverdachts, es genügt der Satz: »schau'n wir mal«; und man braucht keinen Staatsanwalt, keinen Richter, wie das beim großen Lauschangriff per Wanze immerhin vorgeschrieben ist. »Es bleibt«, so hatte es bei der Verabschiedung des Gesetzes beschwörend geheißen, »bei der klaren Trennung zwischen den Geheimdiensten und der Polizei.« Das ist eine glatte Lüge. Der Geheimdienst reicht ja seine Lausch-Erkenntnisse weiter. Damit wurde die Tür zwischen Geheimdienst und Polizei geöffnet; sie müsste aber, weil es in Deutschland nie mehr eine geheime Staatspolizei geben darf, fest versperrt bleiben.

Man hätte also erwarten können, dass das Bundesverfassungsgericht zu einem ganz einfachen Mittel greift: Es hätte, nach Besichtigung und Prüfung des elektronischen Staubsaugers, den Stecker herausziehen und dann der gesamten Anlage die rechtsstaatliche TÜV-Plakette verweigern müssen. Die Richter haben stattdessen in einem Urteil vom Juli 1999 versucht, den Staubsauger neu einzustellen. Sie haben die Saugleistung verändert, eine neue Gebrauchsanweisung geschrieben und festgelegt, wer wann und wie mit dem eingesaugten Material umgehen darf. Die Richter erklärten das Verbrechensbekämpfungsgesetz also nur partiell für verfassungswidrig. Die Abhörerei sei grundsätzlich erlaubt, bedürfe allerdings klarer Beschränkungen und besserer Kontrollen. Die obersten Richter setzten dem Gesetzgeber dafür eine Frist bis 30. Juni 2001. Das war löblich, aber nicht ausreichend. Die Verfassungsrichter hatten sich offensichtlich von den Beschwichtigungen des BND-Chefs beeindrucken lassen, der in der mündlichen Verhandlung über hohen Aufwand, unzulängliche Technik und geringen Ertrag der ganzen Geschichte geklagt hatte. Dann aber hätten die Richter eines übersehen: Das fragwürdige Gesetz bleibt trotz aller Nachbesserungen fragwürdig; die Technik, es noch besser zu nutzen, ändert sich dagegen schnell. Zwar war das Urteil eine Mahnung, mit Grundrechten nicht so lax umzugehen. Aber diese Mahnung war nicht laut genug, um den Gesetzgeber aufzuschrecken. Mit der Grundrechtssensibilität im Parlament ist es nicht mehr weit her; der Gesetzgeber ist grundrechtstaub geworden. Die konstruierte Fürsorge des Staates, unbeschränkt abzuhören, zu kontrollieren und zu durchsuchen, greift um sich. Eine Ermahnung aus Karlsruhe, die Grundrechte doch bitte wieder zu achten, reicht nicht. Da hätte es ein Donnerwort gebraucht.

Wie es sich mit der vom Verfassungsgericht geforderten Achtung des Grundrechts verhält, konnte man dann am Freitag, dem 11. Mai 2001 im Deutschen Bundestag beobachten. Im Mittelpunkt des Stücks, das an diesem Tage dort gegeben wurde, stand wieder der bekannte Staubsauger – neu konstruiert von Bundesinnenminister Otto Schily (SPD) und in puncto technischer Sicherheit verbessert vom grünen Abgeordneten Christian Ströbele, vom Bundestag abschließend in Augenschein genommen und dann zum Bundesnachrichtendienst verbracht, der seitdem mit diesem neuen Gerät und neuem Staubsaugerbeutel noch kräftiger saugt als zuvor.

Dies also war das Ergebnis der vom Bundesverfassungsgericht verlangten »Nachbesserung«. Die Regierung hat einseinhalb Jahre der vom Gericht gesetzten Frist vertan, dann kurz vor Ostern 2000 einen Gesetzentwurf vorgelegt, der dann vom Bundestag hastig verabschiedet wurde. Eine Sachverständigenanhörung fand nicht statt. Das sei ein »unzumutbares Hau-Ruck-Verfahren«, befand Max Stadler, der innenpolitische Sprecher der FDP. Und auch den Grünen war nicht ganz wohl. Der Abgeordnete Volker Beck hat sich bei der Abstimmung im Rechtsausschuss der Stimme enthalten. Das Unwohlsein hat seinen Grund: Das neue Gesetz ist mehr als eine Nachbesserung des alten nach den Vorgaben des Bundesverfassungsgerichts – es handelt sich um ein Gesetz mit mehr Lausch-Kompetenzen für den BND, mit einem erweiterten Katalog an

Heribert Prantl

Straftaten, der das Abhören erlaubt, und mit Rechtsschutzvorschriften, die mehr Löcher haben als ein Emmentaler. Um beim Bild des Staubsaugers zu bleiben: Rot-Grün hat nicht einfach das alte Gerät neu eingestellt, die Saugleistung reduziert und präzisiert, wer wann und wie mit dem eingesaugten Material umgehen darf. Man hat vielmehr ein ganz neues, ein leistungsstärkeres Gerät produziert.

Mit dem neuen Gesetz wird die strategische Überwachung des Fernmeldeverkehrs weiter ausgebaut. Zusätzlich zu nicht leitungsgebundenen Gesprächen wird nun auch der kabelgebundene Fernsprechverkehr überwacht. Die amtliche Begründung des Gesetzentwurfs geht davon aus, dass »die Empfangskapazitäten des Bundesnachrichtendienstes so ausgelegt (sind), dass sie täglich ca. 100 000 Telekommunikationen erfassen und in die Wortbank leiten können«. Seinerzeit, bei der mündlichen Verhandlung vor dem Bundesverfassungsgericht im Dezember 1998, war noch davon die Rede, dass täglich nur rund 15 000 Lauschangriffe bewältigt werden könnten. Davon ist das Gericht dann bei seiner Entscheidung ausgegangen. Die wundersame Vervielfachung der Lauschkapazitäten bedeutet, juristisch gesprochen, eine Änderung der bisherigen Geschäftsgrundlage.

Bei den neuen Tatbeständen, die den geheimdienstlichen Lauschangriff gestatten sollen, sticht vor allem die Volksverhetzung heraus; wenn es gegen Rechtsextremisten geht, fällt den Grünen die Zustimmung zu schärferen Gesetzen leichter als sonst. Bei den Kontrollvorschriften, auf die sich Christian Ströbele als »Fortschritt« beruft, zeigt sich in der Tat, dass die Kompetenzen der parlamentarischen G-10-Kommission, welche die Lauscherei überwachen soll, erheblich ausgeweitet werden: Die Mitglieder der Kommission und ihre Mitarbeiter bekommen Einsicht in sämtliche Unterlagen und gespeicherten Daten, die im Zusammenhang mit Lauschangriffen stehen; darüber hinaus haben sie jederzeit Zutritt in alle Diensträume. Ströbele erhofft sich davon »erzieherische Wirkung auf die Geheimdienste«.

Mit den Rechten der Belauschten freilich sieht es nach wie

vor düster aus, teilweise sogar düsterer als zu Zeiten des ersten, von Innenminister Kanther erlassenen Gesetzes. Nach dem neuen Gesetz ist es nämlich so, dass der Lauschangreifer selbst bestimmen kann, ob der Angegriffene sich vor Gericht wehren darf oder nicht. Die Konstruktion sieht, gemäß Artikel 13 des Gesetzes, so aus: Der Betroffene darf erst dann vor Gericht klagen, wenn er eine amtliche Mitteilung darüber erhalten hat, dass er abgehört worden ist. Wenn er nicht benachrichtigt wird, darf er nicht klagen – auch dann nicht, wenn er auf andere Weise davon erfahren hat.

Dieses Beispiel demonstriert die besondere Saugleistung des neuen rot-grünen, auch von der Union unterstützten Gesetzes: Es ist in der Lage, den Artikel 10 des Grundgesetzes einzusaugen. Dann ist das Fernmeldegeheimnis weg.

Auf der Liste der gefährdeten Arten: Artikel 10 Grundgesetz

Es handelt sich beim Artikel 10 Grundgesetz, der das Post- und Fernmeldegeheimnis schützt, um ein stark gefährdetes Grundrecht. Die Zahl der Telefonüberwachungen, die in Deutschland im Zusammenhang mit strafrechtlichen Ermittlungsverfahren angeordnet werden, steigt und steigt. Sie steigt seit Jahren stärker als jede Kriminalitätskurve, sie liegt seit Jahren höher als in jedem anderen Land in Europa, und die Telefonüberwachung dauert auch erheblich länger als zum Beispiel in den USA.

Professor Christian Pfeiffer vom Kriminologischen Forschungsinstitut Niedersachen (der im Jahr 2000 Justizminister von Niedersachen wurde) hat aufgrund vergleichender Untersuchungen mit den wesentlich besser dokumentierten und überprüften Fallzahlen aus den USA festgestellt, dass bei den 1992 erteilten 3500 Abhörgenehmigungen tatsächlich 500 000 Personen abgehört wurden mit knapp sechs Millionen Telefongesprächen. Im selben Jahr 1992, als es in Deutschland (mit 80 Millionen Einwohnern) 3500 Abhörgenehmigungen gab, waren es in den USA mit dreimal so viel Einwohnern (240 Millio-

Heribert Prantl

nen) 800 Abhörmaßnahmen. Das Risiko eines deutschen Bürgers, abgehört zu werden, war also dreizehnmal so hoch wie für einen US-Amerikaner.

Weil sich von 1992 bis 1998 in Deutschland die Zahl der Telefonabhörgenehmigungen ungefähr verdreifacht hat, werden folglich heute etwa 1,5 Millionen Personen im Jahr in Deutschland abgehört mit etwa 18 Millionen Telefongesprächen. Im Falle einer einzigen Telefonüberwachung des Bundeskriminalamts wurden 60 000 Telefonate abgehört. Das Risiko auch des nicht verdächtigen Bürgers, abgehört zu werden, ist folglich mittlerweile in der BRD knapp 50-mal höher als in den USA. Die Zahl derer, die im Rahmen von präventiven Lauschaktionen der Polizei oder geheimdienstlichen Abhörmaßnahmen erfasst werden, kommt noch hinzu. Der längerfristige Überblick zeigt, dass die Praxis die ganze Hand packt, wenn ihr der Gesetzgeber den kleinen Finger gibt.

1973 wurden insgesamt 104 Telefonüberwachungen angeordnet. Zehn Jahre später waren es bereits 964, 1993 schon 3964, 1997 7776, 1998 9802, 1999, wie gesagt, 12 651 Anschlüsse. Nach Angaben der Regulierungsbehörde für Telekommunikation und Post ist die Anzahl der überwachten Telefonanschlüsse sogar noch höher. Die Unternehmen, die gesetzlich zur Unterrichtung verpflichtet sind, meldeten der Regulierungsbehörde, dass ihnen im Jahr 2000 insgesamt 15 741 richterliche oder staatsanwaltschaftliche Anordnungen vorgelegt worden sind. Die Diskrepanz zu den Angaben der Justiz erklärt das Bundesjustizministerium unter anderem damit, dass die Überwachten zunehmend über Anschlüsse bei verschiedenen Gesellschaften verfügten, was zwangsläufig den Anstieg der registrierten Anordnungen nach sich ziehe.

Der Bundesdatenschutzbeauftragte hält die Zahlen für alarmierend, hat aber keine Erkenntnisse über die Ursachen. Er befürchtet zu Recht, dass die TÜ, die Telefonüberwachung, nicht als Ultima ratio eingesetzt, sondern »bereits als eine bequeme Standardmaßnahme in etwas komplexeren Ermittlungsverfahren angesehen wird«.

Verdächtig   79

Das Fernmeldegeheimnis nach Artikel 10 Grundgesetz steht also nicht sehr hoch im Kurs hierzulande. Nur dieses Grundrecht? Mit dem Grundrecht auf Unverletzlichkeit der Wohnung zum Beispiel verhält es sich nicht viel anders. Das zeigt nicht erst der große Lauschangriff, wonach es (seit 1998) der Polizei erlaubt ist, zum Zweck des Anbringens von elektronischen Wanzen in Privatwohnungen einzudringen. Das zeigt vielmehr schon seit langem der laxe Umgang der Fahndungsbehörden mit den Wohnungsdurchsuchungen, wo angeblich regelmäßig »Gefahr in Verzug« ist. Offensichtlich ist es so, dass die Sensibilität für Grundrechtseingriffe, wenn diese erst einmal grundsätzlich gestattet sind, schnell verlorengeht. Das heißt: Die Regeln gegen Missbrauch funktionieren in Deutschland unzureichend.

Wo liegt der Hauptfehler? In Deutschland verteilt der Ermittlungsrichter »Eintrittskarten, ohne die Vorstellung zu kennen«. Er genehmigt also Telefonüberwachungen, Wohnungsdurchsuchungen oder die Beschlagnahme der Post, ohne fortlaufend mit dem Strafverfahren befasst zu sein. Er wird nämlich nach der deutschen Prozessordnung nur punktuell in das Verfahren eingeschaltet, führt also, entgegen seinem Namen, keine eigenen Ermittlungen – denn die betreibt der Staatsanwalt. Der Ermittlungsrichter erfährt in der Regel nichts über den Erfolg oder Misserfolg des Eingriffs, den er angeordnet hat. Er sieht die Akten nur, um eine Durchsuchung oder Festnahme anzuordnen. Dann bekommt er sie nicht mehr zu sehen. Deshalb kann er auch nichts daraus lernen, wenn ein Verfahren so beschämend endet wie das nachfolgende:

Da wurde das Telefon der Ehefrau eines Mannes, der »aufgrund von Aussagen aus dem Zuhältermilieu in Waffen und/beziehungsweise Rauschgiftgeschäfte verwickelt sein könnte«, abgehört. Nach viermonatigem Abhören notierte die Staatsanwaltschaft Konstanz in ihrer Verfahrenseinstellung: »Soweit in den aufgezeichneten Telefongesprächen von Pistolen die Rede war, wurde durch Recherchen festgestellt, dass es sich hier of-

Heribert Prantl

fensichtlich um Spritzpistolen zum Lackieren von PKW handelte … Soweit in den aufgezeichneten Gesprächen von Stoff
die Rede war, wurde durch Recherchen festgestellt, dass es sich
offensichtlich tatsächlich um Textillieferungen handelte …
Dementsprechend waren die Überwachungsmaßnahmen zu
beenden; das Ermittlungsverfahren war mangels Tatverdachts
einzustellen.«

Viele Jäger sind des Grundrechts Tod: Artikel 13 Grundgesetz und der große Lauschangriff

Mitte der achtziger Jahre hat die Jagd auf Artikel 13, auf das
Grundrecht der Unverletzlichkeit der Wohnung, begonnen;
und am 6. Februar 1998 war im Bundesrat das große Halali.
Zehn Jahre zuvor stand die CSU noch allein mit ihrem Plan, in
Privatwohnungen einzubrechen und dort Wanzen zu installieren; dann hat sich rasch die CDU angeschlossen. Heute machen fast alle mit. Der CSU ist es gelungen, eine gefährliche
Parole zu verbreiten: dass man Grundrechte aufgeben muss,
um Straftaten zu bekämpfen. Unter diesem Motto wurde 1998
der grosse Lauschangriff im Bundestag und Bundesrat genehmigt, zu diesem Zwecke das Grundrecht nach Artikel 13 auf
Unverletzlichkeit der Wohnung eingeschränkt. Mit Zweidrittelmehrheit des Gesetzgebers erhielt die Polizei per Verfassungsänderung die Lizenz zum Einbruch in Privatwohnungen,
um dort elektronische Wanzen anzubringen; und dann darf sie
mithören, aufzeichnen und verwerten, was dort in Wohn- und
Schlafzimmern geredet wird. Die Erlaubnis dafür muss eine
Kammer beim zuständigen Landgericht erteilen.

Der Katalog der Straftaten, bei denen die so genannte Auf-
zeichnung des nichtöffentlich gesprochenen Wortes mit technischen Mitteln zulässig ist, wurde weit gefasst. Er reicht von
Verstößen gegen das Ausländergesetz über Scheckfälschung bis
hin zum Mord.

Den kleinen Lauschangriff gibt es bereits seit 1992. Er erlaubt, Mikrofone in geschlossenen Räumen – aber nicht in

Wohnungen – zu platzieren. Seitdem dürfen beispielsweise Autos verwanzt werden. Ebenfalls erlaubt ist, Gespräche von Häftlingen mit Besuchern in Justizvollzugsanstalten aufzuzeichnen. Jedoch: Nur mittels noch mehr Lauschen, nur mittels großem Lauschangriff also, so behaupteten die großen Parteien im Chor, sei der Organisierten Kriminalität Herr zu werden. Von den juristischen Voraussetzungen her wurde er denn auch als Ruck-Zuck-Angriff konstruiert: Die Verdachtshürde für einen großen Lauschangriff liegt niedriger als für den vorläufigen Entzug der Fahrerlaubnis: Um einem betrunkenen Autofahrer den Führerschein vorläufig wegzunehmen, ist nämlich ein dringender Tatverdacht erforderlich; um eine Wohnung zu verwanzen, genügt dagegen ein einfacher Tatverdacht. Und selbst dieser einfache Tatverdacht muß sich gar nicht gegen den Wohnungsinhaber richten – es genügt, dass sein Besucher verdächtig ist.

Damit sind wir wieder beim Hauptkennzeichen der neuen Politik der inneren Sicherheit: Durch legales Verhalten kann sich niemand mehr davor schützen, dass bei ihm abgehört wird. Jeder kann zum Opfer des Lauschangriffs werden. Und er erfährt möglicherweise nie etwas davon, dass der Staat bei ihm eingebrochen und abgehört hat. Die Benachrichtigungspflichten sind nämlich unzureichend geregelt. Der Staat greift in das Privatleben normaler Bürger viel massiver ein, als es dies Paparazzi bei den Objekten ihrer Begierde je zuwege bringen.

Nur in letzter Minute des Gesetzgebungsverfahrens wurde verhindert, dass Wanzen auch in Arztpraxen, Journalistenbüros, Anwaltskanzleien, Kirchen und Pfarrhöfen installiert werden dürfen – ansonsten hätte das Zeugnisverweigerungsrecht von Ärzten, Journalisten, Rechtsanwälten oder Geistlichen jederzeit per Lauschangriff unterlaufen werden können. Auf diese Weise kam es aber zu dem seltsamen Ergebnis, dass nun zwar das heimliche Belauschen des Gesprächs mit dem Anwalt verboten, das heimliche Belauschen von Ehepartnern in den eigenen vier Wänden hingegen erlaubt ist.

Der Gesetzgeber hat versucht, durch Begleitregelungen den

Heribert Prantl

Eingriff in den Artikel 13 des Grundgesetzes zu mildern. Beispiel Benachrichtigungspflicht: Der per Wanze Belauschte soll eigentlich nach Abschluss der Maßnahme benachrichtigt werden, so sagt es das Gesetz – auf dass er die Maßnahme wenigstens nachträglich überprüfen lassen könne. Auf diese Pflicht zur Benachrichtigung wird aber in der Regel schon aus polizeitaktischen Gründen verzichtet. Folge: Es kann passieren, dass die Staatsanwaltschaft und das Gericht das Lauschprotokoll in allen Einzelheiten kennen, während der Angeklagte und sein Verteidiger weder vom Lauschangriff noch von seinem Ergebnis eine Ahnung haben und sich dazu im Prozess nicht äußern können. Genau hier setzt eine von Bundestagsvizepräsident a. D. Burkhard Hirsch (FDP) ausgearbeitete Verfassungsbeschwerde an: Sie weist mit Akribie nach, dass diese Begleitregelungen nichts taugen, im Widerspruch zur Verfassung stehen oder Versprechungen geblieben sind.

Über diese Verfassungsbeschwerde (die pünktlich zum 50-jährigen Jubiläum des Grundgesetzes im Jahr 1999 erhoben wurde) ist bislang nichts entschieden. Weil es eine von Tausenden ist, weil Verfassungsbeschwerden in Karlsruhe zum Alltag gehören? Sie wurde immerhin erhoben von einer früheren Bundesjustizministerin, einem früheren Bundesinnenminister und einem früheren Bundestagsvizepräsidenten. Die frühere Bundesjustizministerin Sabine Leutheusser-Schnarrenberger (FDP) war wegen eben dieser Gesetze, die sie nicht verantworten wollte, 1995 zurückgetreten. Der frühere Bundestagsvizepräsident Burkhard Hirsch (FDP) hat wegen der Zustimmung seiner Partei nicht noch einmal für den Bundestag kandidiert. Und der frühere Bundesinnenminister Gerhart Baum (FDP) befindet sich deswegen in einer Art inneren Emigration.

Über den Nutzen des Lauschangriffs machten sich Kriminalisten schon bei seiner Einführung im Jahr 1998 keine Illusionen. Nur wenige glaubten, dass man damit gegen die Organisierte Kriminalität viel ausrichtet. Man stellte den Lauschangriff in das Arsenal neuer Verfolgungstechniken, neben die V-Männer und verdeckten Ermittler. Und insgeheim mochte man sich denken: Wenn der Lauschangriff nichts bringt, schaden wird er auch nichts ... Doch das ist falsch. Spätestens mit dem großen Lauschangriff wurde die Verfassung zur Experimentierstube des Gesetzgebers.

Ab 1 Uhr hört man nur noch Stöhnen: die Misserfolge der akustischen Raumüberwachung

Im Lichte der faktischen Ergebnisse erscheinen die jahrelangen Behauptungen, ohne den großen Lauschangriff sei eine wirksame Verbrechensbekämpfung nicht mehr möglich, wie ein Witz. »Außer Spesen nichts gewesen«, urteilte der rheinlandpfälzische Justizminister Herbert Mertin (FDP). Vier Fälle gab es 1999 in Rheinland-Pfalz, und keiner der Lauschangriffe, so hat der Minister herausgefunden, brachte etwas für das jeweilige Verfahren.

Elf große Lauschangriffe wurden 1998 bundesweit registriert, 1999 waren es 27, 2000 dann 32. Der Aufwand, den die Ermittler jedesmal treiben müssen, um die Wanze in der Wohnung zu installieren, ist sehr hoch. Zuerst werden die Verdächtigen observiert, ihre Lebensgewohnheiten ausgespäht. Dann kommt zumeist ein erster Einbruch, um zu klären, wo die Lauschtechnik platziert werden kann. Der zweite Bruch dient dem Einbau, der dritte dem Ausbau. »Da kommen schnell«, so haben es die Journalisten Wolfgang Krach und Georg Mascolo vom *Spiegel* recherchiert, »50 oder 60 Beamte für eine Wanze zusammen.«

Drei Dinge sind bislang festzuhalten. Erstens: Der große Lauschangriff, einst als Wundermittel gegen das Böse gepriesen, hält sehr viel weniger, als seinerzeit die Politiker der inneren Sicherheit versprochen hatten. Richtige Erfolge sind Ausnahmen. Zweitens: Die Kontrolle dieses Grundrechtseingriffs, per Gesetz versprochen, funktioniert nicht. Die Bundesregierung müsste jährlich den Bundestag über Anlass, Umfang, Dauer und Ergebnis der Überwachungen unterrichten. Die Berichte für das Jahr 1998 und 1999 wurden den Anforderungen nicht gerecht. Insbesondere fehlen Angaben über die Anzahl aller betroffenen Personen – wie etwa auch unverdächtige Familienangehörige, Bekannte oder zufällige Besucher. Drittens: Die Beschwichtigungen des damaligen SPD-Abgeordneten und heutigen Bundesinnenministers Otto Schily, der für die SPD die Verhandlungen mit der CDU/CSU über den großen Lauschangriff geführt hat, waren falsch.

Es sei »eine ebenso unsinnige wie bösartige Unterstellung«, dass Polizei und Staatsanwaltschaften per Wanze »eheliche Schlafzimmer« aushorchten, hatte Schily 1998 im Bundestag sich zu verteidigen gesucht. Die Journalisten Krach und Mascolo haben jedoch recherchiert: Unter dem Vorwand, seine Wohnung wegen einer angeblichen Urkundenfälschung durchsuchen zu müssen, verschafften sich Technik-Experten der Frankfurter Polizei im Juni 2000 Zutritt zur Unterkunft eines Albaners. Die Justiz verdächtigte ihn, ein Großer im Rauschgifthandel zu sein. Während einige der Beamten Schubladen durchwühlten, montierten andere klammheimlich die Wanzen. Die funktionierten perfekt – auch nachts. Neben allerlei banalem Tratsch zwischen dem Beschuldigten und seiner Lebensgefährtin wimmeln die Protokolle auch von intimen Details: »Liebesgeflüster … sie denkt nur an ihn«, ist da etwa in schönster Polizeiprosa notiert. Oder 2.03 Uhr: »Dann Sexlaute – N. wird zum Liebhaber.« Akribisch wurde jede nächtliche Aktivität vermerkt: »Man hört Wasser rauschen und laufen. Sex.« Und: »Ab 1 Uhr hört man nur noch Stöhnen …« (*Der Spiegel* 23/2001, S. 34)

Der große Lauschangriff ist ein anschaulicher Fall dafür, dass der Gesetzgeber seinen Namen zu wörtlich nimmt. Er soll nicht nur Gesetze geben – er soll sie bitte auch wieder nehmen; erstens zur fortwährenden Prüfung und Kontrolle, zweitens zur Entsorgung, wenn sie erfolglos oder sonst untauglich waren. Im Fall des großen Lauschangriffs hat der Gesetzgeber auf falscher Geschäftsgrundlage die Änderung des Grundrechts nach Artikel 13 Grundgesetz genehmigt: Er ging von der Vorstellung aus, ohne großen Lauschangriff sei Verbrechensbekämpfung nicht mehr möglich. Das war falsch. Nach den allgemeinen juristischen Regeln über den Wegfall der Geschäftsgrundlage müsste das Gesetz nun der tatsächlichen Lage angepasst oder aber rückabgewickelt, sprich aufgehoben werden.

V-Mann: der Vertrauensmann, dem man nicht trauen kann

Er gilt als ein Wundermittel – ob bei der Aufklärung der Drogenkriminalität oder bei der Beobachtung der rechtsextremistischen Szene. Der Staat geht mit V-Leuten, die aus der jeweiligen Szene stammen und ihr auch weiterhin angehören, aber gegen Geld Informationen liefern, beinahe so um, als handele es sich um ehrbare Kaufleute, mit denen man normale Geschäfte machen kann: Ware gegen Geld. Der V-Mann als Erkenntnismittel wird so exzessiv eingesetzt, dass der Staat dabei ist, sich gemein zu machen – gemein mit dem, was er mit den geheimdienstlichen Ermittlungsmethoden eigentlich bekämpfen will. Der V-Leute-Skandal im NPD-Verbotsverfahren (das Verfassungsgericht rügte, dass ihm V-Leute als Beweispersonen benannt wurden, ohne dass deren Funktion offenbar wurde) war deshalb nur ein Skandal im Skandal. Er zeigt exemplarisch und in einem besonders Aufsehen erregenden Fall, wie problematisch der Einsatz von V-Leuten sein kann; er beleuchtet die Grauzone, in der sich der Staat bewegt, wenn er zu solchen Mitteln und Methoden greift; er illustriert den beschränkten Beweiswert der Aussagen von V-Leuten vor Gericht.

Das V-Mann-Unwesen ist ein Fremdkörper im Organismus des Rechtsstaats geworden. Ein Fall aus der Drogenkriminalität mag dies veranschaulichen, einer von vielen: Ein im Gefängnis einsitzender Türke stand im Verdacht, einen Ausbruch zu planen. Ein Informant aus der Anstalt teilte den Drogenfahndern mit, dass der Häftling und dessen Familie »ohne fremde Hilfe« nicht in der Lage seien, die Flucht zu organisieren. Ein Fall für die Kripo: Sie beauftragte einen V-Mann des

Heribert Prantl

Landeskriminalamts, das den Angehörigen des Häftlings ein Geschäft unterbreitete: Die Fluchthilfe für den Mann könne organisiert werden, wenn die Familie mit drei Kilo Heroin dafür bezahle. Die Angehörigen konnten mit Mühe gerade einmal vierhundert Gramm auftreiben. Als sie die dem V-Mann übergeben wollten, wurden sie verhaftet. Jetzt wanderten auch noch die Familienmitglieder in den ohnehin überfüllten Knast.

Das war eine »Familienzusammenführung der makabren Art« – geschildert in dem Buch »Polizei im Zwielicht«. Die Fachliteratur ist voll von solchen Fällen, in denen ohne die Polizei und ihre Mittelsmänner es zu gar keiner kriminellen Handlung gekommen wäre. Diese Exempel haben eines gemeinsam: Die Drogennachfrage wird künstlich erzeugt, eine Dealer-Nebenszene erst geschaffen. Staatlich in Marsch gesetzte Dunkelmänner stiften zu Straftaten an, statt Straftaten aufzuklären.

V-Leute sind also weniger definiert durch das, was sie tun, als durch die Probleme, die sie aufwerfen.

DNA-Analyse: Das Wunder der genetischen Inquisition

Man nehme: Haare, Speichel oder Blut von 80 Millionen Bundesbürgern und von allen Ausländern, die sich in Deutschland aufhalten. Man mache damit: eine Genomanalyse, um so viele Daten über diese Menschen wie möglich zu gewinnen, Krankheiten und Charaktereigenschaften inklusive. Man füttere damit: eine Datenbank, um bei Vergehen und Verbrechen die Spuren sofort festzustellen. Man hat dann: einen Apparat, der erfolgreich arbeitet, der sogar vorbeugend vermeintliche Risikopersonen markieren kann – und der das verkörpert, was George Orwell in seinem Roman »1984« beschrieben hat: den total kontrollierten Menschen.

Die Zukunft der Strafverfolgung beginnt dort, wo die alte Strafprozessordnung aufhört. Im Jahr 1998 wurde an die bis dato acht Bücher der Srafprozessordnung noch ein neuntes

Buch angehängt. Es regelt die Einrichtung einer zentralen DNA-Analysedatei (DNA oder DNS steht für Desoxyribonukleinsäure, den Träger der Erbinformation eines Lebewesens). DNA-Analysedatei: Das klingt ziemlich bürokratisch, ist aber für die Ermittlungsbehörden ein Ereignis von der Bedeutung der Mondlandung. Es werden seitdem genetische Fingerabdrücke in einer Datenbank gesammelt und für die Strafverfolgung nutzbar gemacht. Das geht so: Die Polizei sucht am Tatort nach biologischen Spuren des Verbrechers – Blut, Speichel, Sperma, Haare, Hautzellen. Um daraus die individuellen Zeichen eines Menschen, die DNA-Moleküle zu gewinnen, genügt winziges Spurenmaterial. Sodann wird mit den so gewonnenen Daten das DNA-Analyseregister abgefragt. Ist der Täter dort gespeichert, kann sofort gezielt nach ihm gefahndet werden. Es geht also um Identitätsfeststellung.

»Genetischer Fingerabdruck« nennt man das landläufig. Der Name täuscht. DNA-Analyse vermag viel mehr: Man kann damit die Persönlichkeit analysieren, Krankheits- und Erbanlagen feststellen, Charakter-Gutachten anfertigen. Der normale Fingerabdruck hält nur ein Bild der Hautleisten fest; der genetische Fingerabdruck dagegen speichert den ganzen Menschen – seine Identität, seine Krankheiten, seine Erbanlagen. Er liefert keine einzelne Information, sondern eine ganze Datenbank. Die Genomanalyse macht den Menschen durchsichtig.

Für Arbeitgeber und Versicherungen eröffnen sich somit fantastische Aussichten: Ein kleiner Gentest sagt ihnen, ob und wie lange sie an ihrem Arbeitnehmer oder an ihrem Versicherten Freude haben werden; wann beispielsweise Krebs, Diabetes oder Schizophrenie zum Ausbruch kommen könnten.

Welche DNA-Profile werden von wem, wann und wie lange gespeichert? Wann werden sie gelöscht? Wie dürfen sie verwertet werden? Das müsste längst Gegenstand eines ebenso detaillierten wie strengen Gesetzes sein.

Es existiert zwar ein einschlägiges Gesetz – aber es erfüllt diese Anforderungen nicht. Das Gen-Datei-Gesetz aus dem Jahr 1998 (»DNA-Identitätsfeststellungsgesetz«) erklärt lediglich, wann und von wem ein genetischer Fingerabdruck genommen werden darf. Es sagt aber kaum etwas darüber, wie mit den gewonnenen Daten umgegangen werden darf. Die zuständigen Minister versichern, dass dies »gut«, ja »vollendet« geschehe. Jedoch: Das sähe man schon gerne im Gesetz geregelt. Es muss durch strikte Vorkehrungen ausgeschlossen sein, dass Gen-Daten für andere Interessen missbraucht werden. Doch über effektive Kontrollen sagt das Gesetz kein Wort. Kurz gesagt: Die Gen-Datei ist gut, aber das Gesetz darüber schlecht. Dieses Gesetz regelt nicht das, was geregelt gehört.

Schon seine Entstehungsgeschichte spiegelt die Defizite wider. Ein paar Monate lang hatten der Bundesminister des Innern und der für Justiz gestritten. Dann machte der damalige Innenminister Manfred Kanther (CDU) die Sache auf eigene Faust. Er veröffentlichte am 17. April 1998 eine Verordnung zur Einrichtung einer Gen-Datei, ließ die Datenbank beim Bundeskriminalamt in Wiesbaden einrichten und berief sich dabei auf das BKA-Gesetz. Sein Argument: Fingerabdruck ist gleich Fingerabdruck. Da das BKA schon die Kartei mit »normalen« Fingerabdrücken unterhalte, könne es selbstverständlich auch die Datei mit »genetischen« Fingerabdrücken führen.

Der Handstreich des Innenministers wurde nicht nur von Justizminister Edzard Schmidt-Jortzig (FDP), vom Richterbund, vom Deutschen Anwaltverein, von der Strafverteidigervereinigung und von der Gewerkschaft der Polizei heftig kritisiert, sondern auch aus der eigenen Partei – etwa von Horst Eylmann, dem Vorsitzenden des Rechtsausschusses des Bundestags. Sie alle, überwiegend durchaus Befürworter des genetischen Fingerabdrucks, forderten, eine gesetzliche Grundlage für die Gen-Datei zu schaffen und darin genau zu regeln, von wem Gen-Proben genommen, wie sie aufbereitet und wie lange sie gespeichert werden dürfen. Sie forderten klare Vorkehrungen, um die Gefahr des »gläsernen Menschen« auch für die Zukunft auszuschließen. Kanther gab nach – aber nur scheinbar.

Über das Ergebnis des Nachgebens wurde Ende Juni 1998 im Bundestag abgestimmt: Es nennt sich – wie gesagt – »DNA-

Identitätsfeststellungsgesetz«. Allgemein herrschte die Meinung, es handele sich um ein Gesetz, das die geforderten Details für die Führung der Gen-Datei festlegt. Doch das ist falsch. Rechtsgrundlage für die Wiesbadener Gen-Datei und deren Umgang mit den sensiblen Daten war, ist und bleibt allein die Verordnung des Ministers Kanther. Das Gen-Datei-Gesetz regelt nur die Frage, bei welchen Beschuldigten in künftigen Strafverfahren »Körperzellen entnommen und zur Feststellung des DNA-Identifizierungsmusters molekulargenetisch untersucht werden« dürfen. Wie es nach der »Entnahme« der Körperzellen weitergeht, darüber sagt das Gesetz nur so viel, dass die Körperzellen nach ihrer Untersuchung »unverzüglich zu vernichten« sind.

Bis zum Gen-Datei-Gesetz war die Entnahme von Genproben beim Beschuldigten in einem laufenden Strafverfahren zur Identifizierung des Täters in genau diesem einzigen Strafverfahren möglich. Dies war durch Gesetz vom 17. März 1997 geregelt worden. Das Gen-Datei-Gesetz legte nun noch fest, bei wem künftig Körperzellen quasi auf Vorrat entnommen werden dürfen – um damit bei späteren Straftaten den Täter schneller ausfindig zu machen: »Zum Zwecke der Identitätsfeststellung im künftigen Strafverfahren dürfen dem Beschuldigten, der einer Straftat von erheblicher Bedeutung, insbesondere eines Verbrechens, eines Vergehens gegen die sexuelle Selbstbestimmung, einer gefährlichen Körperverletzung, eines Diebstahls in besonders schwerem Fall oder einer Erpressung verdächtig ist, Körperzellen entnommen und zur Feststellung des DNA-Identifizierungsmusters molekulartechnisch untersucht werden« (Paragraph 81g Strafprozessordnung). Die Crux dieser Formulierung: Was eine »Straftat von erheblicher Bedeutung« ist, unterliegt dem Gusto von Polizei und Richter.

1998 hat die Polizei in Cloppenburg zur größten Gen-Reihenuntersuchung gebeten, die es je gegeben hat – der Mörder des elfjährigen Mädchens Christina Nytsch sollte ermittelt werden. 18 000 Männer aus dem Umland wurden (ohne Rechtsgrundlage) zum Speicheltest aufgefordert. Der Gesetzgeber sagt über solche »Massen-Screenings« nichts. Er lässt die Polizei erst einmal machen und schaut zu, ob sie überhaupt praktikabel sind. Das heißt: Vorläufig sollen die Bürger auf freiwilliger Basis darlegen, dass sie unschuldig sind. Auf diese Weise freilich laufen die gesetzlichen Voraussetzungen ins Leere: Um das verfassungsmäßige »Recht auf informationelle Sebstbestimmung« zu gewährleisten, darf ein genetischer Fingerabdruck nämlich nur nach richterlicher Anordnung genommen werden. Zahlreiche bei der Datei des Bundeskriminalamts in Wiesbaden »freiwillig« abgegebene Datensätze stammen von vorbestraften Tätern oder Gefängnisinsassen. Die Kooperationsbereitschaft dieser Personengruppen beruht regelmäßig auf Angst vor der Versagung von Hafterleichterungen und Bewährungschancen oder gar konkreter Einschüchterung und Täuschung. Nur dann, wenn sie sich weigern, kommt, wie im Gesetz verpflichtend vorgesehen, der Richter zum Zuge.

Das Bundesverfassungsgericht hat zwar Anfang 1998 in mehreren Entscheidungen das DNA-Identitätsfeststellungsgesetz für verfassungsgemäß erklärt – aber dabei vier bemerkenswerte Einschränkungen vorgenommen. Erstens: Es ist rechtswidrig, Gen-Daten auf breiter Basis zu erfassen. Zweitens: Eine DNA-Speicherung darf nur nach schweren Straftaten vorgenommen werden. Drittens: Es muss die Gefahr weiterer Straftaten von erheblicher Bedeutung bestehen. Viertens: Die Speicherung von DNA-Daten darf nur auf Anordnung eines Richters erfolgen. Doch die Praxis hat gezeigt, dass auch die richterlichen Anordnungen, wenn sie denn ergehen, in vielen Fällen nicht den Anforderungen entsprechen, die das Bundesverfassungsgericht aufgestellt hat.

Die *Süddeutsche Zeitung* berichtete im Herbst 2000 über den Fall eines 17-jährigen Schülers aus Erding, der wegen einer Erpressung (20 Mark auf dem Volksfest) von einem Jugendgericht zu zwei Freizeitarresten verurteilt worden war. Auch er wurde per richterlicher Anordnung zur Abgabe einer Speichelprobe gezwungen. In der Begründung beschränkte sich der Amtsrichter auf die wörtliche Wiedergabe des Gesetzestextes: » … weil wegen der Art der Tat, wegen der Ausführung der Tat und wegen der Persönlichkeit des Verurteilten Grund zu der Annahme besteht, dass gegen den Betroffenen künftig erneut Strafverfahren zu führen sind«. Von einer Einzelfallprüfung konnte keine Rede sein. Genauso verhielt es sich auch in einem Anfang 2001 vom Bundesverfassungsgericht entschiedenen Fall: Ein Mann war im Lauf von zehn Jahren fünfmal verurteilt worden, einmal wegen versuchter schwerer Brandstiftung und gefährlicher Körperverletzung. Das Bundesverfassungsgericht rügte, das Amtsgericht in Hannover habe die Anordnung zur Entnahme von Körperzellen »lediglich mit einer Wiederholung des Gesetzestextes und einer Aufzählung seiner Verurteilungen begründet«. Die Annahme, dass der Betroffene künftig erneut Straftaten »von erheblicher Bedeutung« begehen werde, müsse aber »auf schlüssigen, verwertbaren und in der Entscheidung nachvollziehbar dokumentierten Tatsachen beruhen«.

Die Erfahrungen mit dem DNA-Identitätsfeststellungsgesetz wecken den Verdacht, dass das Gesetz mit einem »worst-case-scenario« von Schwerstkriminalität durchgesetzt worden ist, in der alltäglichen Praxis aber eher bei den Hühnerdieben die Schraube angezogen wird.

Kardinal Lehmann muss zum Gentest

Aus England hörte man schon vor Jahren Forderungen, die ganze männliche Bevölkerung von Großstädten genetisch zu erfassen. Denn dann, so der Vorstoß des Londoner Polizeichefs von 1992, könnten Sexualdelikte leichter aufgeklärt und Sexualtäter von vornherein abgeschreckt werden. Andere wünschen genetische Fingerabdrücke von Sozialhilfeempfängern, Neugeborenen und schließlich von allen, die in ein Land einreisen, und von jedem, der einen Personalausweis beantragt.

Der Kriminologe Dethlef Hogala vom Freiburger Max-Planck-Institut für Strafrecht befürchtet, dass in fünfzehn Jahren Volks-DNA-Datenbanken Wirklichkeit sein werden. Vielleicht schon früher: Im Zuge der Anti-Terror-Gesetze vom

Herbst/Winter 2001 wurde die verformelte Darstellung »biometrischer Daten« auf dem Personalausweis beschlossen. Zunächst ist an den normalen Fingerabdruck, an Vermessungsdaten des Gesichts und der Augeniris gedacht. Es würde allen Erfahrungen widersprechen, wenn die Überlegungen dabei stehen blieben.

Kardinal Lehmann muss zum Gentest. Der Bundeskanzler auch, ebenso der Sänger Udo Lindenberg und der Präsident des Bauernverbandes. Sie alle müssen, weil jeder muss – und zwar dann, wenn aus einer Forderung von Unionspolitikern im März 2001 Gesetz wird: Alle deutschen Männer sollen in einer Gendatei erfasst werden, auf dass künftig der oder die Täter von Verbrechen schnell gefasst werden können. Die öffentlichen Reaktionen auf solche Forderungen sind fast durchweg ablehnend. Das Projekt sei unsinnig, absurd, grotesk und rechtsstaatswidrig. Die Forderung nach einem »Gesetz zur Errichtung einer zentralen und allgemeinen deutschen Gen-Datenbank« sei nichts als Effekthascherei und Populismus.

Leider reicht es nicht aus, ein paar Orwellsche Szenarien zu entwerfen und damit die Diskussion über deutschlandweite Gentests für beendet zu erklären. Die Erfahrung der letzten Jahrzehnte mahnt zu mehr Vorsicht: Nirgendwo sonst nämlich werden aus Absurditäten so schnell Normalitäten wie auf dem Gebiet der inneren Sicherheit. Das letzte Beispiel war die Einführung des großen Lauschangriffs. Es dürfe nämlich »keine Sicherheitsdefizite« geben, und die Sicherheit der Bürger sei, so sagten die Politiker der inneren Sicherheit, »mit allen Mitteln zu gewährleisten«.

Wenn das wirklich so ist, dann gehört die große Gendatei mit den Daten von Schuldigen wie Unschuldigen in der Tat zu den effektivsten Mitteln: Die Aufklärungsquoten bei Gewaltverbrechen würden noch weiter steigen. Es müsse eben nur, so werden die Befürworter sagen, der Missbrauch der Gen-Daten zu anderen Zwecken als denen der Verbrechensbekämpfung verhindert werden; ein penibles Kontrollsystem müsse gewährleisten, dass die Gendatei nicht den gläsernen, sondern nur den von der Strafverfolgung gesuchten Menschen präsentiert. Müsse, müsse, müsse. Solches Argumentieren, solche Kautelen kennt man schon aus der Vergangenheit. Irgendwann freilich werden die Risiken so groß, dass es auch den Freunden des Sheriff-Staats unwohl wird. Und wenn erst einmal die gentechnische Erfassung von Säuglingen so selbstverständlich geworden ist wie heute ihr Eintrag ins Geburtenregister – dann verliert die genetische Volksverdatung schnell das Spektakelhafte.

Mit der gentechnischen Erfassung aller Einwohner oder zumindest aller Männer verhält es sich so ähnlich wie mit dem amerikanischen Raketenabwehrsystem im Weltall: Es wird mehr Sicherheit versprochen – hie vor Schurkenstaaten, dort vor Schurken. Und hier wie da werden gegen das neue Sicherheitssystem ganz praktische Bedenken geltend gemacht. Bei der flächendeckenden Gendatei sehen sie so aus: Was hilft es, wenn man nur die Deutschen testet? Das wird vielmehr dazu führen, dass zumal die Organisierte Kriminalität noch mehr als bisher auf nicht getestetes, ergo ausländisches Personal ausweicht. Ziel deutscher Sicherheitspolitik müsste es also sein, auf jeden Menschen gentechnisch zuzugreifen. Dieses Bestreben führt sich aber schnell selbst ad absurdum. Es lenkt auch davon ab, dass man auf diese Weise nur einen schmalen Sektor der Kriminalität erfassen kann.

Im Übrigen: Ebenso wenig wie die Mondlandung die Probleme der Menschheit gelöst hat, wird die DNA-Analyse, wie breit auch immer sie angelegt wird, alle Probleme der Aufklärung und Verfolgung von Straftaten lösen. Es ist nämlich so: Zwar liefert die DNA-Analyse mit unanfechtbarer Zuverlässigkeit eine zur Tatortspur zugehörige menschliche Identität. Ob dies aber tatsächlich die Täterspur ist, bleibt weiterhin völlig offen.

Der Staat muss kein Argus sein – kein Allesseher und kein Alleshörer. Er braucht nicht noch mehr Augen und nicht noch mehr Ohren. Er muss mit den Informationen, die er hat, mit den Informationen, die im Rahmen regulärer strafrechtlicher

Heribert Prantl

Ermittlungen anfallen, klug und penibel umgehen. Er muss Ermittlungsakten vernünftig auswerten, er muss die Kompetenzen, die er schon hat, verständig gebrauchen. Das Problem liegt, anders als die Politiker der inneren Sicherheit glauben machen wollen, weniger in der Beschaffung von Informationen, es liegt in der Auswertung von Informationen. Das beginnt schon damit, dass die Ermittlungsbehörden kaum in der Lage sind, die vielen Telefonüberwachungen mit Verstand abzuhören und, gegebenenfalls, zu übersetzen. Es mangelt nicht an Gesetzen, an Eingriffs- und Zugriffsmöglichkeiten, sondern an Leuten, die das, was da abgehört wird, auch auswerten können. Es fehlt also nicht an legislativen, sondern an sprachlichen Kompetenzen. Die Sicherheitsbehörden haben vor dem 11. September 2001 die islamistische Szene nicht deswegen vernachlässigt, weil das geltende Gesetz ihnen den Zutritt verwehrt hätte, sondern deswegen, weil es kaum Beamte mit islamischem Hintergrundwissen gibt.

Kapitel 7

Strafrecht ist keine Kriegswaffe

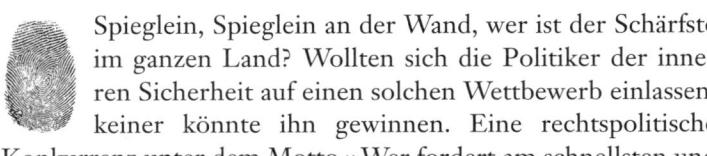 Spieglein, Spieglein an der Wand, wer ist der Schärfste im ganzen Land? Wollten sich die Politiker der inneren Sicherheit auf einen solchen Wettbewerb einlassen, keiner könnte ihn gewinnen. Eine rechtspolitische Konkurrenz unter dem Motto »Wer fordert am schnellsten und am lautesten die noch schärferen Strafen?« endet früher oder später, in der Regel früher, bei rechtsextremen Parteien, bei Folter und Todesstrafe.

Rechts- und Kriminalpolitik ist seit den achtziger Jahren zur Lamentopolitik geworden. Kein Tag ohne Ruf nach neuen Gesetzen. Kaum ein Tag ohne Forderung nach mehr Befugnissen für die Polizei. Kaum ein Tag ohne Klage über ein zu lasches Recht. Die Rechts- und Innenpolitiker und ein nicht geringer Teil der Publizistik tun so, als sei der Staat heute ein Hasenfuß, dem man endlich Beine machen müsse. Polizei und Strafrecht gelten wieder als Allheilmittel gegen Schwarzfahrer und islamistische Terroristen, gegen Ladendiebe, Verkehrssünder und Drogensüchtige, gegen gedungene Mörder, Rechtsradikale und Mafiabanden gleichermaßen.

Krieg gegen Kriminalität

Weg mit dem liberalen Zeug! Überall zu viel Nachsicht, zu viel Milde, zu viel Mitleid, zu viele Skrupel! Die Schrauben müssen wieder angezogen werden! Das deutsche Strafrecht ist verlot-

Heribert Prantl

tert. Neues Motto: Ärmel aufkrempeln, zuschlagen möglichst früh, möglichst schnell, möglichst hart. Weg mit der Laschheit im Rechtssystem, weg mit Staatsanwälten und Richtern ohne Mumm. Nach Amerika schauen: Die packen zu, die greifen durch, die verhaften sogar einen, der an eine Mauer pinkelt. Die verhängen Ausgangssperren: In vielen Großstädten der USA dürfen Jugendliche nachts nicht mehr aus dem Haus, bei Zuwiderhandlung droht Haft. Die hängen einem Ladendieb ein Schild um den Hals und stellen ihn vor den Supermarkt: »Ich habe hier gestohlen«. Die haben Umerziehungslager, sogenannte »boot-camps«, mit Militärdrill eingerichtet. Gelegentlich bindet der Sheriff Gefangenen eiserne Kugeln an den Fuß und lässt sie damit Feldarbeiten verrichten – wie früher, zu Sklavenzeiten. Was dort gut ist, kann hierzulande nicht schaden. Dort gibt es ja auch die Todesstrafe, dort werden Verbrecher vergast, totgespritzt oder auf den elektrischen Stuhl geschnallt. Kein Land hat je deswegen Sanktionen gegen die USA gefordert. Die haben den »war on crime« ausgerufen, den Krieg gegen die Kriminalität. Die sind nicht so zimperlich. So redet der gehobene Kriminalisten-Stammtisch.

Wer die Intensivierung einer solchen Politik fordert, der muss sich über die Konsequenzen einer solchen Politik im Klaren sein: In den USA ist die Inhaftierungsquote in den letzten 20 Jahren um 400 Prozent gestiegen. Über fünf Millionen Amerikaner sitzen in Haft oder stehen unter Bewährungsaufsicht. Zum ersten Mal in der amerikanischen Geschichte sitzen mehr Schwarze als Weiße hinter Gittern; Erstere machen zwar nur zwölf Prozent der Bevölkerung, aber 53 Prozent der Gefängnisinsassen aus. Würde die lineare Inhaftierungsrate in Amerika weiter ansteigen, so säße im Jahr 2050 die Hälfte der US-Bürger hinter Gittern und würde von der anderen Hälfte bewacht; das hat der Kriminologe Michael Lindenberg ausgerechnet. Gleichzeitig ist die Erkenntnis gewachsen, dass Repression allenfalls vorübergehend etwas bringt.

Die USA (so analysiert der Berkeley-Professor Loic Wacquant diese Zahlen) betreiben eine Politik, die die Folgen ihres eigenen Versagens kriminalisiert. Der US-Staat hat das soziale Netz zerschnitten und Gitter an dessen Stelle gesetzt. Die Hysterie des Einsperrens ist jedoch nicht finanzierbar: Die Justizetats sind um das Zwölffache gestiegen und fressen die Staatshaushalte auf. Der Rückgang der Kriminalität mag sich ganz schlicht so erklären: Solange einer hinter Gittern sitzt, kann er draußen keine Straftaten begehen. Der Verwahrvollzug schützt zumeist nur so lange vor neuen Straftaten, wie der Straftäter in Haft ist.

Deswegen hat ja das deutsche Strafvollzugsgesetz vor mehr als zwanzig Jahren »Resozialisierung« zu seiner Aufgabe erklärt. Voll umgesetzt wurde das Gesetz nie: Die Einzelunterbringung in der Zelle beispielsweise, die ein Grundprinzip des neuen Strafvollzugs werden sollte, ist nach wie vor die Ausnahme. Trotzdem gibt es Erfolge dieses Gesetzes, das sich ein vielleicht utopisches Ziel gesetzt hat: »Im Vollzug der Freiheitsstrafe soll der Gefangene fähig werden, künftig in sozialer Verantwortung ein Leben ohne Straftaten zu führen.« Ein Beispiel: Obwohl es heute viermal so viele Beurlaubungen und Ausgänge für Gefangene gibt wie 1977, sind die Missbrauchsquoten nicht gestiegen. Über eine Verbesserung des Behandlungsvollzugs nach jahrzehntelangen Erfahrungen nachzudenken, wäre lohnender als der Rückfall in alte Zeiten.

Die Feldzüge der Justiz

Wer auf soziale Desintegration mit Mitteln des Strafrechts antwortet, verschärft die Spaltung der Gesellschaft. Das Strafrecht wird zum Instrument, die Gesellschaft aufzuteilen: in solche, die an Bord dürfen – und in solche, die das nicht dürfen. Einen ähnlichen Missbrauch des Strafrechts gab es schon einmal, im Kalten Krieg, vor allem in den späten fünfziger und in den sechziger Jahren, als Kommunisten und diejenigen, die man dafür hielt, ausgegrenzt und kriminalisiert wurden. Die Behandlung von Kommunisten nach dem KPD-Verbot des Bundesverfassungsgerichts im Jahr 1956 ist ein furchtbares Lehrstück. Damals war das Strafrecht Mittel der politischen Repression, heute droht es zum Mittel sozialer Repression zu werden. Die Justiz wird in beiden Fällen zum Teilnehmer an einem Feldzug. Damals, vor vierzig Jahren, war sie Kombattant im Kalten Krieg.

Damals wurde das Strafrecht tatsächlich als Kriegswaffe genutzt, als Waffe im Kalten Krieg. Der werdende Rechtsstaat Bundesrepublik infizierte sich also mit den Untiefen und Vorurteilen der Zeit, in der er sich entwickelte. Um die deutsche Bevölkerung nur fünf Jahre nach der bedingungslosen Kapitulation wieder zur Aufrüstung zu überreden, brauchte die Bundesrepublik ein Feindbild: die Sowjetunion und die Kommunisten. Und in ihrer Angst vor dem Kommunismus kriminalisierte die junge Republik alles, was sich kommunistisch gebärdete und irgendwie danach aussah – Christen, Pazifisten, Idealisten inklusive. Die militärische Wiederbewaffnung wurde von einer Aufrüstung im Gerichtssaal begleitet. Ihren juristischen Höhepunkt erreichte diese Entwicklung vor 45 Jahren – nachdem am 17. August 1956 die KPD vom Bundesverfassungsgericht verboten worden war. Darauf begann eine Welle der strafrechtlichen Verfolgung von echten und angeblichen Kommunisten in Westdeutschland. Sie erfasste rückwirkend auch KPD-Mandatsträger, die ja bis dahin in den Stadt- und Kreisräten und bis zuletzt noch in den Parlamenten von Niedersachsen und Bremen gesessen hatten; im Bundestag war die KPD seit den Wahlen von 1953 nicht mehr vertreten. In Nürnberg, München und Fürth gab es je zwei kommunistische Stadträte.

Die Anklagen gegen Mandatsträger und Funktionäre waren ein Verstoß gegen ein rechtsstaatliches Grundprinzip – gegen das Verbot nämlich, eine neue Verbotsvorschrift rückwirkend anzuwenden. Erst 1961 setzte dann das Bundesverfassungsgericht wenigstens der rückwirkenden Verfolgung eines früher straflosen Verhaltens ein Ende. Da war die juristische Maschinerie schon heiß gelaufen.

Das Beispiel Strafrecht als Kriegswaffe gegen die KPD ist auch deswegen interessant, weil die Gefahr besteht, dass man glaubt, der Rechtsextremismus von heute könne mit juristischen und strafrechtlichen Mitteln bewältigt werden. Wenn man in Kategorien des Strafrechts reden will, ist das Parteiverbot die Höchststrafe, die gegen eine Partei verhängt werden kann. Der Parteiverbotsantrag gegen die NPD im Jahr 2000 wurde von der herrschenden Politik präsentiert wie ein Wundermittel. Indes: Ein Parteiverbot ist ebensowenig wie das Strafrecht der Knopf, auf den man nur drücken muss um missliebige Erscheinungen zum Verschwinden zu bringen ...

Beim großen Exorzismus der katholischen Kirche wird der Besessene mit Weihwasser besprengt, der Priester betet die Heiligenlitanei, liest aus dem Evangelium und ruft den Heiligen Geist an. Die eigentliche Beschwörungsformel besteht dann aus dem Befehl an den Teufel, den Besessenen zu verlassen. So ist das in der katholischen Religion. In fast allen Religionen gab und gibt es zur Bewältigung des vermeintlich unerklärlich Bösen solche magischen Handlungen. Zauberer, Medizinmänner oder Priester versuchen auf diese Weise, böse Mächte zu vertreiben: da wird gebetet, getanzt, gesalbt, gewaschen, die Hand aufgelegt – oder einfach laut gelärmt, um so den Dämon zu bannen.

Um die Dämonen Neonazismus und Rechtsextremismus aus Deutschland auszutreiben, findet auch hier eine Art Exorzismus statt. Die Handlungen, die zu diesem Zweck vollzogen werden, reichen vom lauten Lärmen bis hin zum Verbotsantrag. Der Antrag an das Bundesverfassungsgericht, die rechtsextreme NPD zu verbieten, wurde vor und nach der Einreichung diskutiert, als handele es sich beim Verbot um den großen Exorzismus solemnis. Die politische Energie, die bisher in diesen Verbotsantrag investiert wurde, fehlt leider auf anderen Gebieten der Bekämpfung von Rassismus und Fremdenfeindlichkeit. Das ist kein Plädoyer gegen das Verbot der NPD. Es ist nur die Mahnung, sich von einem solchen Verbot nicht zu viel zu erhoffen. Es handelt sich um eines von vielen Steinchen in einem großen Puzzle, das »Bekämpfung des Rechtsextremismus« heißt.

Heribert Prantl

RAF, Organisierte Kriminalität und Bin Laden

Strafrecht ist keine Kriegswaffe. Wenn in den vergangenen zehn oder fünfzehn Jahren aber verstärkt der Eindruck entstanden ist, es sei eine – dann hat das mit der OK zu tun, der Organisierten Kriminalität. OK ist zu einem Begriff geworden, der die innenpolitische Debatte zeitweise so beherrschte oder beherrscht, wie dies zuvor ein Jahrzehnt lang das Kürzel RAF getan hatte – und wie dies in den Monaten nach dem 11. September 2001 dann Al-Kaida, Bin Laden und der islamistische Terrorismus taten.

Dabei weiß man noch nicht einmal so recht, wie man das schreibt, groß oder klein: organisierte Kriminalität oder Organisierte Kriminalität? Das ist kein Streit um des Kaisers Bart, sondern um das künftige Gesicht des deutschen Strafrechts. Organisierte Kriminalität ist nämlich ein gebräuchliches Synonym sowohl für Massenkriminalität als auch für Schwer- und Schwerstkriminalität. Die Frage, was diese Art der Kriminalität kennzeichnet und wie man sie definiert, ist eine Kernfrage der Innen- und Rechtspolitik. Je umfassender man Organisierte Kriminalität oder Terrorismus beschreibt, desto mehr Gesetze und Grundrechte stehen zur Disposition. Diese Wörter nämlich öffnen verdeckten Ermittlern den Zutritt zu Privatwohnungen, diese Wörter geben den Lauschangriff mittels Wanze und Richtmikrofon frei, auf diese Wörter hin werden per Rasterfahndung die Daten auch von unbescholtenen Bürgern so lange verglichen und gefiltert, bis hoffentlich nur die wirklich Verdächtigen übrig bleiben.

Strafrechtspolitik in den vergangenen zehn, zwanzig Jahren war vielfach Spektakelpolitik – das Spektakel um den großen Lauschangriff war und ist ein besonders anschauliches Beispiel. Dieses Spektakel war auch ein wohlinszeniertes und bedenkliches Ablenkungsmanöver. Es sollte Aktivität und Effektivität bei der Verbrechensbekämpfung suggerieren, es sollte die Debatte um die innere Sicherheit auf einen einzigen Punkt richten, dorthin, wo man sie gut in den Griff zu bekommen glaubt: auf die Organisierte Kriminalität. So unklar und unbestimmt dieses Phänomen noch immer ist, so klar und so bestimmt sind die Rezepte dagegen: erstens Lauschangriff, zweitens geheimdienstliche Ermittlungsmethoden. Mit der allgemeinen Konzentration auf die angeblich völlig neuen Formen der Kriminalität und die angeblich geeigneten Abwehrmittel bleibt eine noch viel bedrohlichere Entwicklung dort, wo sie bleiben soll – im Schatten. Gemeint ist die Jugendkriminalität, die erschreckende Steigerungsraten aufweist. Jugendkriminalität ist hausgemachte Kriminalität; die Organisierte Kriminalität ist hingegen importierte Kriminalität. Wer über OK redet, der kann, wie das ausgiebig geschieht, mit Zauberformeln wie »Europol«, »Lauschangriff« oder »verdeckter Ermittler« klingeln. Wer über Jugendkriminalität spricht, stößt unweigerlich auf das größte Versagen deutscher Politik: auf die Massenarbeitslosigkeit.

Fünfzig Jahre lang bestand in der Bundesrepublik keine Gefahr, dass ein großer Teil der jungen Generation der unteren Bevölkerungsschicht in die Kriminalität abgleitet. Heute besteht sie. Pädagogen, Kriminologen und Strafrechtler haben sich – wie auch die beunruhigte Öffentlichkeit – lange damit getröstet, dass Jugendkriminalität eine altersbedingte Erfahrung sei und dass es gelte, dieser schwierigen Phase mit Toleranz und Gelassenheit zu begegnen. Dann, so die These, vergehe sie wie von selbst. Das stimmt nicht mehr. Die alten Lebensweisheiten sind verbraucht, weil es das Fundament, auf dem sie gewachsen sind, nicht mehr gibt. Der Anstieg der Jugendgewalt geht Hand in Hand mit dem Anwachsen der sozialen Desintegration.

Das große Wettpflügen

Das Gebiet der inneren Sicherheit besteht bekanntlich aus zwei Feldern: Das eine Feld ist das der Verfolgung von Straftaten, genannt Repression. Das andere Feld ist das der Vorbeugung, genannt Prävention.

Auf dem Feld der Repression ackern und säen seit jeher

Heribert Prantl

CDU und CSU. Das andere Feld, das der sozialen Prävention, bestellte einst die SPD – doch das ist lange her; damals hießen die sozialdemokratischen Vorarbeiter Adolf Arndt, Gustav Heinemann und Hans-Jochen Vogel. Sie versuchten, eine eigenständige Rechts- und Innenpolitik zu entwickeln. Seit den SPD-Vorsitzenden Björn Engholm und Rudolf Scharping wird diese Politik rückabgewickelt; statt die Verfolgung von Kriminalität und die Bekämpfung ihrer Ursachen kraftvoll zusammenzuführen, hat die SPD unter Kanzler Gerhard Schröder ihr Gerät auf das Areal geworfen, das schon von CDU und CSU bestellt wurde. Wenn die SPD heute Prävention sagt, dann meint sie etwas völlig anderes als früher.

Die beste Kriminalpolitik ist und bleibt eine gute Sozialpolitik – das hat der große Strafrechtler Franz von Liszt (1851–1919) vor über hundert Jahren postuliert. Es war dies der Kernsatz der »modernen Strafrechtsschule« und er ist heute eigentlich nur noch moderner, weil wichtiger denn je. Solche Modernität freilich steht derzeit nicht hoch im Kurs in der SPD. Stattdessen findet dort eine Umdeutung des Begriffs Prävention statt. Vorbeugung bedeutet heute: Die Mittel der Repression (Abhören, Kontrolle, Überwachung durch geheimdienstliche Methoden) werden schon im Vorfeld des Verdachts, im Vorfeld des konkreten Verdachts eingesetzt. Repression wird zum vorgeschobenen Beobachter des Strafrechts und nennt sich Prävention.

Auf dem Feld der Repression, das demzufolge immer größer wird, findet also eine Art Wettpflügen statt, bei dem vermeintlich der gewinnt, der in noch kürzerer Zeit noch mehr Erde aufwirft. Wachsen kann auf diesem Feld nichts mehr, weil kaum dass ausgesät ist, Union und SPD schon wieder alles neu aufreißen. Aufmerksamkeit finden die Wettpflügler weniger der Ergebnisse wegen, die sie erzielen, sondern wegen des Lärms, den sie erzeugen.

Derweil freilich liegt das Feld der sozialen Vorbeugung, das Terrain also, auf dem Ursachen der Kriminalität bekämpft werden sollen, ziemlich brach.

Opferschutz: einmal Opfer, immer Opfer

Ebenso brach liegt das Feld des Opferschutzes. Die Krise der Strafjustiz, die nach Umfragen über das Vertrauen in die deutsche Strafrechtspflege immer wieder konstatiert wird, hat nichts damit zu tun, dass das Recht dem Beschuldigten »zu viel« Rechte gewährt, sondern eher damit, dass der Staat generell das Opfer zu wenig achtet.

Das Opfer des Verbrechens: Nach der Tat muss es, falls es überlebt hat, sein Gesicht in die Kamera halten. Das ist ein Opfer der Allgemeinheit schuldig – aus Dankbarkeit für das allgemeine Mitleid und als Gegenleistung für die öffentliche Abscheu, die den Täter trifft. Man muss wohl selbst Opfer gewesen sein, um in dieser Situation mit dem Opfer zu fühlen: Jan Philipp Reemtsma hat im Buch über seine Entführung beschrieben, wie es ihm ergangen ist, als er das weltweit gedruckte Zeitungsfoto vom belgischen Mädchen Sabine Dardenne betrachtet hat: Weinend und verwirrt steht es da, befreit nach monatelanger Geiselhaft, in der es gequält und dabei gefilmt worden war, und ein Polizist hält das Mädchen, als wolle er es festhalten, »damit es dem Fotografen zur Verfügung steht«.

Das genau ist das Schicksal eines Opfers. Es muss zur Verfügung stehen. Erst steht es dem Täter zur Verfügung, dann dem öffentlichen Interesse an Befriedigung von Neugier und Mitleid, dann einer Politik, die zur Befriedigung des aufgebrachten Publikums neue Gesetze fordert. Und schließlich steht das Opfer der Justiz zur Verfügung, die zur Befriedigung des staatlichen Strafanspruchs gegen den Täter das Opfer als Zeugen braucht. Und so ist und bleibt das Opfer Objekt – Objekt des Verbrechers, der Medien, der Politik, des Staates. Einmal Opfer, immer Opfer. Opferschutz? In der öffentlichen Darstellung dient das Wort oft nur als Vorwand, um sich der Opfer möglichst umfassend und auflagensteigernd zu bemächtigen.

Das Opfer wird vor allem als Vehikel zum Transport von rechtspolitischen Forderungen instrumentalisiert, mit denen man zuvor noch nicht weitergekommen war. Wenn von Opferschutz die Rede ist, dann vor allem im Zusammenhang mit mehr Strafe für den Täter. Der Staat befasst sich mit dem Täter. Um das Opfer kümmert sich der Weiße Ring, also ein privater Verein. So ist die Sache aufgeteilt – und so ist es untragbar. In einem Gesellschaftsvertrag haben die Bürger dem Staat das Gewaltmonopol übertragen: Daraus folgt die Pflicht, den Bürger zu schützen. Wenn dies nicht gelingt, so hat der Staat die doppelte Pflicht, sich um die Folgen seines Versagens, also um das Opfer, zu kümmern – um dessen körperliche und seelische Therapie.

Der größte Teil der Sexualdelikte an Kindern wird nicht von Fremden, sondern von Familienangehörigen und guten Bekannten verübt. Und was geschieht mit ihnen? Üblicherweise bleibt der Täter in der Familie, während das Kind als Opfer aus der Familie genommen und in einem Heim untergebracht wird. So wird das Kind zusätzlich bestraft. Einmal Opfer, immer Opfer. Statt des Kindes müsste, selbstverständlich, umgehend der Täter aus der Familie genommen werden.

Wer gründlich über Opferschutz nachdenken will, der muss sehr weit zurückdenken. Das Opfer nämlich ist auch ein Opfer des Strafrechts: Die gesamte Strafrechtsgeschichte ist die Geschichte der Verdrängung des Opfers aus dem Strafverfahren – das Opfer, so meinen die zünftigen Juristen bis heute, störe nur den ordnungsgemäßen Ablauf der Dinge. So ist es seit der Abschaffung der germanischen Privatfehde, so ist es seit Karl dem Großen, seitdem die Strafverfolgung nicht mehr Sache des Opfers und seiner Sippe ist. Die staatliche Strafverfolgung hat sozusagen einen Gründungsfehler, der sich durch ein Jahrtausend zieht: Sie achtet die Opfer nicht. So ist das auch im Strafprozess: Daran, dass das Opfer keine Rolle spielt, hat sich nichts geändert. Die Strafe dient nun, in aufgeklärten Zeiten, der Befriedigung der beleidigten Rechtsordnung. Das Opfer bleibt Randfigur.

Wer das bezweifelt, der kann sich in den Gerichtssälen der Republik selbst überzeugen: Über den immer noch harschen Umgang der Justiz mit dem Opfer, das als Zeuge aussagen

Verdächtig 105

muss, ist viel geschrieben worden. Sicherlich: In den letzten Jahren hat der Gesetzgeber einiges getan. Und auf dem Papier sehen die Rechte des Opfers ganz gut aus: Da gibt es die Möglichkeit eines »Adhäsionsverfahrens«, um gleich im Strafprozess die privaten Schadenersatzansprüche durchzusetzen; es gibt ein Klageerzwingungsverfahren und die Nebenklage sowie ein Opferentschädigungsgesetz. Das alles miteinander aber ist ein ziemlich totes Recht, allenfalls Flickschusterei, es gibt keinen Gesamtrahmen: Die konturenlose Konzeption solcher Regeln macht es dem Opfer überaus schwer, seine Rechte durchzusetzen. Die Fürsorge des Gerichts, so ist der heutige Strafprozess konstruiert, gilt dem Beschuldigten; er ist die Hauptperson, er ist das Subjekt des staatlichen Strafanspruchs. Die Strafjustiz sieht ihre Aufgabe nicht darin, dem Opfer zu helfen, sondern den Täter nach den Regeln der Kunst zu verurteilen oder freizusprechen. Das Opfer existiert nur am Rande, es interessiert nur insoweit, als man es braucht, um dem Täter per Urteil gerecht zu werden.

Man muss nicht Opfer werden, um das zu erfahren. Es genügt nicht selten schon eine Zeugenvorladung. Die Zeugenvorladung zumal zu einem Strafprozess macht aus einem selbstbewußten Staatsbürger ein hilfloses Wesen, das, gegebenenfalls, den Raunzereien eines Richters und, gegebenenfalls, den Unverschämtheiten eines Verteidigers ausgeliefert ist. Der Zeuge gerät schier unentrinnbar in ein besonderes Gewaltverhältnis, in dem mit ihm verfahren wird, wie es andere wollen. Wenn der Zeuge Glück hat, ist die Zeugenpflicht lediglich unangenehm bis entwürdigend. Wenn er großes Pech hat, ist die Zeugenpflicht lebensgefährlich – dann zum Beispiel, wenn der Zeuge im Bereich der Organisierten Kriminalität auszusagen hat.

Immerhin: Für gefährdete Zeugen gibt es mittlerweile Zeugenschutzprogramme nach US-amerikanischem Muster, welche die Sicherheit hochkarätiger Zeugen vor, während und nach der Verhandlung gewährleisten sollen; das ist gut so und sicherlich noch verbesserungsfähig, an Gesetzesvorhaben mangelt es nicht. Für die Masse der Zeugen aber gibt es nach wie vor keine Hilfe, es sei denn den Zufall – den Zufall, an ein sensibles Gericht zu geraten. Sensibel ist ein Gericht dann, wenn es Rücksicht darauf nimmt, dass der Zeuge nicht mit allen Wassern der Advokaten gewaschen ist und sich deswegen nicht so ausdrückt, dass man einen Schriftsatz daraus machen kann. Sensibel ist ein Gericht dann, wenn es sich klarmacht, dass der Zeuge kein Prozessstörer, sondern eine wichtige, ja zentrale Person ist – und man ihm diese Wichtigkeit auch vermitteln muss.

Die Realität sieht so aus: Der Zeuge hat nicht nur die Pflicht zum »Erscheinen« und zur wahrheitsgemäßen Aussage. Er hat auch die Pflicht, notfalls stundenlang in zugigen Gerichtsfluren auf seine Vernehmung zu warten, um dann möglicherweise zu erfahren, dass man ihn nicht mehr braucht. Er hat die Pflicht, ohne dass man ihm einleuchtend erklärt warum, zum dritten oder vierten Mal die Fragen zu beantworten, die er schon bei Polizei und Staatsanwaltschaft beantwortet hat. Er hat die Pflicht, sich vor Gericht Vorwürfe machen zu lassen, dass er die Sache damals, vor zwei Jahren, doch etwas anders geschildert habe – gerade so, als ob es seine Schuld wäre, wenn die Justiz so lange bis zur Hauptverhandlung braucht. Manchmal würde es, um die Situation des Zeugen zu verbessern, schon genügen, wenn die Gerichte nicht nur die Gesetze, sondern auch die Grundregeln der Höflichkeit beachten.

Der Zeuge hat die Pflicht, sich bloßstellen zu lassen. Besonders krass wird es, wenn der Zeuge zugleich Opfer der Straftat ist. Für den Angeklagten besteht nämlich die einzige Verteidigungsmöglichkeit zuweilen darin, die Glaubwürdigkeit des Opfers zu erschüttern. Das Opfer eines sexuellen Missbrauchs oder einer Vergewaltigung findet sich dann vor Gericht in der Rolle des moralisch Angeklagten wieder. Sicherlich: Es mag schwierig sein, zwischen der umfassenden Pflicht zur Aufklärung des Sachverhalts und dem Persönlichkeitsschutz der Zeugen abzuwägen. Eine solche Abwägung wird aber in der Praxis nicht immer versucht. Einen Ehrenschutz des Opfers gibt es im Strafprozess nicht.

Wie wird man dem Opfer gerecht? Sicherlich nicht dadurch,

dass man den Eindruck vermittelt, nicht über den Angeklagten, sondern über das Opfer werde zu Gericht gesessen. Es gibt allerlei Initiativen, die sich mit der Verbesserung der Stellung von Zeugen und Opfern befassen. Mit Energie wird die Sache nicht betrieben. Letztlich geht es auch nicht nur darum, da und dort einen Verteidiger zur Ordnung zu rufen, einem Zeugen einen Beistand an die Seite zu stellen oder im Gericht die Vorführung einer Videoaufnahme von der ersten Vernehmung zu erlauben, um es etwa Kindern zu ersparen, immer und immer wieder über ihren sexuellen Missbrauch auszusagen. Es geht um eine grundsätzliche Neubesinnung im Strafprozess: Steht der staatliche Strafanspruch stets höher als das Schutzinteresse des Opfers nach der Straftat? Wenn die Polizei nicht will, dass ein V-Mann aussagt, dann gilt er als unerreichbares Beweismittel. Muss also nicht auch ein Kind als unerreichbares Beweismittel gelten, wenn zu dringend zu befürchten ist, dass es im Prozess Schaden nimmt?

Solange das nicht geklärt ist, müssen sich Zeugen und Opfer vor Gericht so schäbig behandeln lassen, wie das heute nicht selten der Fall ist. Die Entschädigung dafür ist billig: Verdienstausfall wird ersetzt mit maximal 25 Mark pro Stunde – wer nichts verdient, vier Mark: ein äußerst niedriges Schmerzensgeld.

Ein Bündnis für die Opfer tut Not. Es muss damit beginnen, dass der Staat aufhört, die Opfer zu bestehlen. Er kassiert ungerührt Geldstrafen auch dann, wenn der Täter das Opfer noch mit keinem Pfennig entschädigt hat. Ein Bündnis für Opfer muss, zum Beispiel, einen »Anwalt des Kindes« installieren, der Kinder in den Verfahren wegen sexuellen Missbrauchs vertritt – und zwar nicht erst nach Erhebung der öffentlichen Klage. Strafverfolgung muss so gestaltet werden, dass die Opfer in diesen Verfahren nicht ein zweites Mal Opfer werden – aber auch so, dass die Unschuldsvermutung für den Beschuldigten nicht angetastet wird. Opferschutz darf nicht auf Kosten der Rechte des Beschuldigten gehen. Beide Rechte, die des Beschuldigten und die des Opfers, stehen gewichtig nebeneinander.

　　　　　　　　　　　　　　Heribert Prantl

Opfer müssen umfassend staatliche Fürsorge erfahren. Je weniger dies geschieht, desto mehr stößt das Strafverfahren gegen den Täter in der Öffentlichkeit auf Misstrauen.

Neonazis und ihre Opfer

Noch störender als die Opfer der allgemeinen Kriminalität sind offensichtlich die Opfer rechtsextremer Gewalttaten: Viele reden von den Neonazis, kaum jemand kümmert sich um ihre Opfer. Die Politik diskutiert über Programme zur Bekämpfung der Rechtsextremisten; über Programme zum Schutz von Einwanderern und Flüchtlingen oder auch Obdachlosen diskutiert sie nicht. Über ein Verbot der NPD wird endlos gestritten; wer streitet für die Anerkennung der Menschenrechte von Flüchtlingen in Deutschland? Glaubt jemand im Ernst, dass zum Beispiel mit der Aufstellung von Videokameras die wehrhafte Demokratie installiert wird? Oder dass eine Kündigung von Neonazis an ihrem Arbeitsplatz die Missachtung von Ausländern zumal in Ostdeutschland ändert? Eine solche Diskussion über die Bekämpfung des Rechtsextremismus gleicht dem Griff nach der Fernbedienung für den Fernseher: Man will das schlechte Programm, möglichst bequem, wegschalten. Es gilt aber, das Programm zu verändern.

Sonderkommissionen gegen rechtsextreme Gewalt sind wichtig. Und resolute Arbeit von Polizei und Justiz ist bitter notwendig. Aber das genügt nicht. Die gesellschaftliche Diskriminierung der Einwanderer und Flüchtlinge zeigt sich, zum Beispiel, in der tagtäglichen Anwendung des Flüchtlings- und des Ausländerrechts, in der Praxis der Ausländerämter. Die politische Sprache muss sich ändern. Seit über zehn Jahren betreibt sie verbale Mobilmachung gegen Asylbewerber: Da müssen »Fluchtwege« abgeschnitten, da muss »Abschreckung« praktiziert werden. Wohlgemerkt, solche Vokabeln der alten und neuen Regierungspolitik gelten Flüchtlingen, nicht Verbrechern.

Solange das so bleibt, solange also Migrationspolitik im Stil von Katastrophenpolitik betrieben und über Flüchtlinge geredet wird wie über eine Heuschreckenplage, sind Image-Kampagnen des Regierungssprechers mit den Wildecker-Herzbuben eher peinliche Veranstaltungen. Über einige Vorschläge aus den Reihen der CDU/CSU breitet man lieber gleich den Mantel des Schweigens: Dort hat man die rechtspolitischen Ladenhüter wieder ausgepackt und offeriert sie diesmal als Maßnahmen gegen den Rechtsextremismus – die regelmäßige Anwendung des Erwachsenen-Strafrechts auf Heranwachsende beispielsweise. Gewalttäter hart strafen kann man, wenn man nur will, auch mit den geltenden Paragraphen, sie müssen nicht neu gebogen werden. Die Diskussion über Gesetzesänderungen sind zu reinen Alibi-Diskussionen verkommen.

Wenn ein Einwanderer von rechtsextremen Schlägern aus der Straßenbahn geworfen wird, ist das ein Akt gewalttätiger Verachtung. Wenn er von der Ausländerbehörde aus dem Land geworfen wird, ist das ebenfalls ein Akt der Verachtung – mit anderen, etwas subtileren Mitteln. Überfallene Flüchtlinge werden nicht als Opfer, sondern als Störer betrachtet. Und wie mit Störern umgegangen wird, kann man in den Polizeiaufgabengesetzen nachlesen: Es muss ein Platzverweis erteilt werden. Der Platz, um den es in diesem Fall geht, ist identisch mit der Bundesrepublik Deutschland. 1992/93 zum Beispiel hat man es so gehalten: Als Asylbewerberheime und Wohnungen von Ausländern brannten, hat man, zur Bekämpfung des Terrors, das Asylgrundrecht eingeschränkt. So wurden die Opfer doppelt bestraft und die Täter belohnt, sie hatten erreicht, was sie wollten ...

Das Argumentationsmuster von damals findet man in der herrschenden Politik bis heute: Den Rechtsextremisten, so heißt es immer noch, müsse man das Wasser abgraben. Man will nicht sehen, dass diese Tätigkeit zum Wühlen im braunen Schlamm führt. Bekämpfung des Rechtsextremismus: Das ist nicht nur Repression gegen die Täter, sondern der Schutz der Opfer. Das beginnt mit Nachbarschaftshilfe. Das umfasst ein Opferschutzprogramm und Fürsorge. Politik gegen Rechts –

Heribert Prantl

dazu gehört das Bekenntnis zum Flüchtlingsschutz, zum Asylrecht, zu einer fairen Einwanderungsregelung. Politik gegen Rechts ist eine Ausländerpolitik, die Ausländer in Deutschland nicht möglichst lang in juristischer Unsicherheit hält. Wer Ausländer alle paar Wochen zur Behörde zitiert und sie dort um die Verlängerung ihres Aufenthalts zittern lässt, der muss sich nicht wundern, wenn Gewalttäter sich brüsten, sie würden sie noch viel heftiger zittern lassen.

Die Ausländerpolitik in Deutschland muss sich grundlegend ändern. Ein neuer Umgang von Politik und Behörden mit Einwanderern und Flüchtlingen sollte Signale setzen für eine humanere Gesellschaft in Deutschland. So entsteht innere Sicherheit – weniger also mit Paragraphen, die strafen, als mit solchen, die schützen.

Das Strafrecht dient nicht nur der Besserung und der Abschreckung der Täter. Es dient auch der Normbekräftigung. Das bedeutet: Strafe ist nicht zuletzt der Versuch, die normative Ordnung durch eine angemessene Antwort auf das Verbrechen wiederherzustellen – so formuliert es der Bundesverfassungsrichter Winfried Hassemer. Das Vertrauen in die Justiz hängt davon ab, dass ein allgemeiner Konsens darüber besteht, was »angemessen« ist. Dafür tragen Justizminister und Politiker der inneren Sicherheit gemeinsam die Verantwortung. Wie nehmen sie die Verantwortung wahr?

Sicherheit und Recht und Ordnung

Wer die Entwicklung des Strafrechts der vergangenen zwanzig Jahre verfolgt, dem fällt es nicht schwer, den schlimmsten Fall zu prognostizieren. Er sieht so aus: Es wird ein Wettrennen geben. Die großen Parteien werden wetteifern darin, mehr Sicherheit und Recht und Ordnung zu fordern. Sie werden mehr Strafrecht, mehr Abschreckung, mehr Härte gegen die Straftäter verlangen. Die SPD wird aus Furcht davor, hier als inkompetent zu gelten, noch repressiver sein als die Union. Die Parteien werden versprechen, Strafbarkeitslücken zu schließen. Sie werden überlegen, ob es nicht die Zeichen der Zeit erfordern, auch schon zwölfjährige Kinder zu bestrafen. Sie werden die saubere Stadt propagieren, also Bettler, Obdachlose und Rauschgiftsüchtige in die Randbezirke abdrängen. Sie werden die Privatisierung der Haft propagieren, weil neue Gefängnisse teuer sind und der Staat kein Geld hat. In die privaten Haftanstalten werden aber nicht mehr alle Verurteilten eingesperrt werden, sondern vor allem die aus den sozialen Randgruppenmilieus, die Ausländer, die Außenseiter und Arbeitslosen. Die besser situierten Straftäter werden ihre Strafe, elektronisch überwacht, zu Hause absitzen oder abspazieren dürfen. Da und dort wird die wahlkämpfende Politik, weil die Stärke des starken Staates sich auch darin zeige, keine Tabus zu kennen, von der Todesstrafe reden. Ohne Sicherheit, so wird es auf den Wahlplakaten heißen, ist alles nichts.

Kapitel 8

Krieg ist keine Strafrechtswaffe

Bisher gab es in den USA Gefängnis und Todesstrafe. Jetzt gib es, eine dritte Kriminalstrafe – den Krieg. Die Terror-Angriffe in New York und Washington haben nicht nur gigantische Gebäude, sondern auch das konventionelle System staatlichen Strafens gesprengt. Die neue Dimension des Verbrechens wurde mit einer neuen Dimension staatlichen Strafens beantwortet. Wenn es sich bei den US-Militäraktionen, die sich gegen die Täter hinter den Attentätern richten sollen, um Strafaktionen handelt – dann geht es um Vergeltung, Sühne, Repression und Prävention. Es handelt sich dann nicht, nach der berühmten Definition von Clausewitz, um die Fortsetzung der Politik mit anderen Mitteln, sondern um die Fortsetzung des Strafens mit anderen Mitteln – kurz gesagt: um die Globalisierung und Entgrenzung nationalen Strafrechts.

Multiplizierung und Potenzierung der Todesstrafe

Von einem Feldzug spricht US-Präsident Bush. Es treten aber dabei nicht Streitkräfte gegeneinander an zum Zwecke der Überwältigung und der Auferlegung von Friedensbedingungen nach Belieben des Siegers. Es geht vielmehr um die Bestrafung von Tätern und Hintermännern. Der Krieg als Kriminalstrafe: Es handelt sich um die Multiplizierung und Potenzierung der Todesstrafe, um die kollektive Todesstrafe für Anstifter, Helfer und Helfershelfer der Attentäter.

Weil aber der Krieg ein unpräzise zielendes Sanktionsmittel ist, trifft er nicht nur Attentäter, ihre Helfer und Helfershelfer, sondern viele, um nicht zu sagen: vor allem andere. Das ist die neue Dimension einer Kriegsstrafe: Sie reagiert auf die Ermordung Tausender von Unschuldigen mit einem Krieg, der die Tötung wiederum Tausender von Unschuldigen in Kauf nimmt. Krieg als Antwort auf die Attentate ist also eine monströse strafrechtliche Antwort auf ein ungeheuerliches Verbrechen.

Das Strafrecht mitsamt seinen Sprachbildern ist deshalb so beliebt, weil seine Anwender damit auf der Seite der moralischen Autorität stehen – und weil die Strafzwecke so vielfältig sind, dass beinah jede Strafe begründbar ist. Strafe ist Vergeltung: Der strafende Staat als Hüter der Gerechtigkeit stellt durch Zufügung eines Übels das Recht wieder her. Strafe ist Vorbeugung: Der strafende Staat als Wahrer des Friedens schreckt durch Zufügung eines Übels potenzielle Täter ab. Diese Begründungen sind im globalen Maßstab gut zu gebrauchen. Notfalls ließe sich sogar die Tötung Unbeteiligter mit Hinweis auf die Generalprävention rechtfertigen: Es sollen ja auf diese Weise Terrorbanden von Anschlägen abgeschreckt werden.

Strafkrieg als Maßnahme der Rechtspflege

Anscheinend kann sich das Bombardement von Ländern, die Terroristen Schlupfwinkel bieten, auf die liberalsten Straftheorien stützen: Setzt nicht der Strafkrieg einen weltweiten Prozess der Internalisierung von Rechtsnormen in Gang? Würde nicht eine beständige Strafrechtspflege durch Kriegsführung, wie Bush sie ankündigt, das Vertrauen in die globale Durchsetzungsfähigkeit der Rechtsordnung stärken? All das klingt in den Reden von US-Politikern an. Strafen, wie es der allgemeine Nutzen erfordert: So sagte es der Aufklärer Thomasius – und so ähnlich denkt Bush.

Stehen hinter dem US-Präsidenten also die versammelten

Heribert Prantl

Autoritäten der Strafrechtsgeschichte? Die Verfechter von Aug um Aug, die Wiedervergelter Kant und Hegel, selbst die Utilitaristen? Nein, sie stehen nicht. Der einschlägige Hauptsatz des Strafens heißt nämlich nicht: »Strafe, wie es der allgemeine Nutzen erfordert.« Er heißt: »Strafe des Täters, wie es der allgemeine Nutzen erfordert.« Es gibt keinen Strafzweck, der es rechtfertigen würde, eine Strafe, des allgemeinen Nutzens wegen, an Nicht-Tätern zu vollstrecken. Der Krieg als Kriminalstrafe führt deshalb in eine neue Dimension des Talionsprinzips, der Vergeltung durch gleiches Übel: Bisher besagte die Talionslehre, dass die Strafe die Straftat an den Tätern spiegelt. Künftig besagt sie, dass sich die Strafe auch an den Opfern widerspiegeln kann. Sowohl das Attentat als auch die dafür verhängte Kriegsstrafe treffen Unschuldige.

Die Kriegsstrafe hat also überhaupt nicht mit »Aug um Aug und Zahn um Zahn« zu tun. In diesem Prinzip, das man oft »alttestamentarisch« nennt, steckt ja nicht die Maßlosigkeit, sondern ein klares Übermaßverbot. Aug um Aug: Das ist nicht nur brutal, es setzt auch der Strafe eine Grenze. Über diese Grenze geht eine Kriegsstrafe hinaus. Mit Bestrafung im bisher bekannten Sinn hat Krieg also nichts zu tun. Krieg als Kriminalstrafe orientiert sich vielmehr an Ur-Ritualen: Die Sippe rächt sich an der Sippe. Das ist aber nicht Strafe, sondern eine archaische Form der Trauerarbeit. Der Mensch erträgt die Macht des Todes offenbar leichter, wenn er eine Weile selbst den Tod spielt, schreibt Arno Plack 1967 in seinem Buch »Die Gesellschaft und das Böse«. Dort findet man auch das Beispiel von den Kwakiutl, einem Indianerstamm. Bei diesen Indianern wurde die Kopfjagd »Töten, um sich die Augen auszuweinen« genannt. Der Aufbruch zum Kriegszug geschah aus Trauer um die eigenen Toten: Dadurch, dass man eine andere Familie in Trauer versetzte, war der Schmerz wieder ausgeglichen.

Die Nato und die USA mag man nicht unbedingt mit diesen Kwakiutl in Verbindung bringen. Die Amerikaner schreiben schließlich Weltgeschichte – mit Krieg. Und die Weltgeschichte, so Friedrich Schiller, »ist Gottes Strafgericht«. Der Krieg ist der Racheengel, die Militärallianz führt sein Schwert. Schillers Klage steht in einem Gedicht mit dem Titel »Resignation«.

Töten für das Paradies

Er war kein ungebildeter Mensch, kein Einfaltspinsel, kein eifernder Schwätzer. Er hatte einen handfesten Beruf, der für Spinnereien nur maßvoll Raum lässt: Mohammed Atta war Stadtplaner, Architekt. Wie kommt so einer zu der Gewissheit, dass er in den siebten Himmel Allahs fliegt, wenn er mit dem Flugzeug richtig in den Tower trifft? Wie wird so einer zum Massenmörder im vermeintlichen Auftrag Gottes? Abitur, Studium und Diplom mindern offensichtlich die Anfälligkeit für wahnhaft religiöses Denken nicht. Im Gegenteil: Wissenschaftler haben auf das Phänomen hingewiesen, dass die meisten Aktivisten der zeitgenössischen fundamentalistischen Bewegungen ein technisches Diplom in der Tasche haben: Fördert eine solche Ausbildung die Neigung, Koran oder Bibel wortgetreu als Generalplan für die Erlösung der Welt zu benutzen?

Man findet immer einen Satz, der passt. Das ist ein Kennzeichen aller Fundamentalisten: Sie nehmen ihre jeweilige heilige Schrift wörtlich, Buchstabe für Buchstabe, Punkt für Punkt. Das gilt für die jüdischen Siedler in Hebron, die sich sicher sind, dass Gott ihnen Erez Israel, das israelische Großreich, versprochen hat. Das gilt für die bibeltreuen Christen in Dallas, die Homosexualität, Abtreibung und die Evolutionstheorie als Frevel wider den Schöpfer brandmarken. Das gilt für die Hamas, das gilt für die Taliban, das gilt für die islamistischen Attentäter. Sie haben den Drang, den öffentlichen Raum nach der eigenen Glaubensüberzeugung einzurichten. Sie erkennen eine Grenze zwischen Religion, Politik und Staat nicht an. Sie halten sich für die Ingenieure des göttlichen Bauplans und tun so, als habe Gott ihnen die Blaupause für sein Königreich auf Erden in die Hand gedrückt.

Heribert Prantl

Daraus leiten die gewalttätigen Fundamentalisten erstens das Recht ab, jeden zu beseitigen, der ihnen bei der Umsetzung des angeblich göttlichen Plans im Weg steht. Und daraus leiten sie zweitens die Gewissheit ab, dass das Paradies auf sie wartet, wenn sie sich dabei selbst opfern. Sie sind Fanatiker; fanum ist das Heiligtum. Der Fanatiker geht für das, was er für heilig hält, über Leichen, auch über seine eigene. Johann Gottlieb Fichte, der Philosoph, hat die wahnsinnige Kraft, die darin steckt, so beschrieben: »Wer sterben kann, wer kann den zwingen?« Da helfen keine Cluster-Bomben. Und es hilft, wie die erfolglose Vergeltungspolitik der Israelis gegen palästinensische Selbstmord-Attentäter beweist, gegen den Fanatismus auch keine Selbst-Fanatisierung. Da hilft nur eines: Die Bedingungen und die Verhältnisse zu verändern, in denen der islamistische Fanatismus, der aggressivste Fundamentalismus der Gegenwart, gedeiht und stetig nachwächst. Das dauert freilich sehr viel länger als ein Bombardement in Afghanistan.

Fundamentalisten vermögen alle Gewalt, die in einer Religion nur irgend da ist, freizusetzen. »Alles, was ich tat, tat ich für Gott«, sagte Yigal Amir, der Mörder des israelischen Ministerpräsidenten Rabin. So sagte es auch Chomeini, als er seine Fatwa gegen Salman Rushdie verhängte und zum Kampf gegen die Gottlosigkeit aufrief. Und so sagen es die islamistischen Terroristen, wenn sie ihren Terror als gerechten Krieg preisen: Gott will es. Bernhard von Clairvaux, der große Heilige der katholischen Kirche, hat einst die Kreuzzüge mit ähnlichen Argumenten gerechtfertigt. Die Päpste versprachen Ablass der zeitlichen Sündenstrafen und ewige Seligkeit. Bei der Eroberung Jerusalems 1099 veranstalten die Kreuzritter, so ein Augenzeuge, ein solches Gemetzel, »dass die Unsrigen bis zum Knöchel im Blut wateten«. Anschließend plünderten sie die Häuser der Reichen und gingen sodann, »vor Freude weinend ... um das Grab unseres Erlösers zu verehren«.

Die Gewalttätigkeit des Christentums ist, Nordirland ausgenommen, Geschichte. Die Gewalttätigkeit des Islam ist Gegenwart. Der Papst hat sich vor zwei Jahren in einem öffentlichen Schuldbekenntnis für die Verbrechen entschuldigt, die Söhne und Töchter seiner Kirche im Namen Gottes je begangen haben. Islamische Geistliche rufen noch heute zum Mord auf. Da hilft auch der Hinweis darauf wenig, dass der Islam in einer Zeit, in der das Christentum die Schwertmission praktizierte, zur Zeit der Omaijaden in Spanien also, ein Wunder an Friedfertigkeit, Toleranz und Gelehrsamkeit war. Das ist schon über tausend Jahre her – und zeigt, wie es sein könnte, aber nicht ist. Islamismus ist aggressive Unduldsamkeit: dumpfe Ablehnung, aufgestaute Wut gegen den Westen, gegen den Materialismus, gegen die Komplizenschaft mit korrupten Herrschern im Nahen Osten, gegen den Kultur-Imperialismus; Islamismus ist auch Zorn über das eigene Scheitern im Wettlauf mit dem Westen um Macht und Reichtum. Die Produktivität in den Ländern des Islam wird immer niedriger, die Geburtenrate immer höher. Die Gründung eigener Industrien war wenig erfolgreich. Die Ausrüstung der Armeen nach Weststandards hat keine Siege gebracht. Die Experimente mit demokratischen Institutionen sind – ausgenommen die Türkei – völlig gescheitert. Die desolate Lage der Muslim-Staaten wird als Folge nicht unzureichender, sondern übertriebener Modernisierung gesehen; man fühlt sich wie infiziert von einer Krankheit. Also kämpft man gegen das westliche Gesellschaftsmodell, das auf der Trennung von Kirche und Staat und der Anerkennung weltanschaulicher und politischer Pluralität beruht. Früher konnten die islamistischen Fundamentalisten dabei Unterstützung bei den Feinden des Westens finden, zuletzt war das die Sowjetunion. Seit es die nicht mehr gibt, sehen sie sich gezwungen, den Feind selbst bekämpfen – mit Terrorismus. Und so kam es, dass, als das Gleichgewicht des Schrekkens zu Ende ging, der Schrecken übrig blieb.

Der islamistische Fundamentalismus ist die religiös motivierte Generalabsage an die Moderne als kulturelle und politische Norm, so definiert es die Münsteraner Soziologin Karin Priester. Die Fundamentalisten fliehen aus der Welt, in der sie sich unterlegen fühlen, in die Hörigkeit geschlossener Kollektive mit autoritären Handlungs- und Lebensanweisungen, die sie dann der ganzen Welt aufzuzwingen versuchen. Diese Flucht wird zur Massenbewegung, weil sie sich mit berechtigten Affekten gegen die Globalisierung (nunmehr als Synonym für alles Unheil) verbindet. Es geht den Islamisten um den Versuch einer Zeitverschiebung – zurück in die Zeit vor der Aufklärung, zurück in die absolute Unterwerfung des Menschen unter religiöse Dogmen, über die man nicht diskutieren darf, weil sie angeblich von Gott geschaffen sind. Gegen Gottes Wort gibt es keinen Protest, da werden Redefreiheit, Pressefreiheit, Glaubensfreiheit, Wissenschaftsfreiheit, da wird die Ausübung von Grundrechten zur Blasphemie.

Noch größer als die Gefahr, die von Selbstmordattentätern droht, ist deshalb die Gefahr, dass aus dem Islamismus, in der Nachfolge des Marxismus, die Religion der Armen wird. Gegen diese Gefahr hat die US-solidarische Allianz des Westens bisher nichts unternommen.

Selbstimmunisierung gegen Zweifel: die Deutschen und der Strafkrieg

Dezember 2001: Abstimmung im Bundestag über die Beteiligung deutscher Soldaten. Ein altes Wort erwachte. Es reckte sich, es klopfte sich den Staub aus dem Wams, es marschierte, vorbei an den alten Kriegerdenkmälern, in die Hauptstadt Berlin. Dort schüttelte die Tapferkeit dem Bundeskanzler die Hand und ging zusammen mit ihm durch die Reihen des Bundestags. Sie ging hin zum salutierenden CDU/CSU-Fraktionschef Friedrich Merz, hin zum frisch gestriegelten FDP-Parteivorsitzenden Guido Westerwelle und hin zum verlegenen Rezzo Schlauch, dem Fraktionsvorsitzenden der Grünen. Und sie blieb besonders lange stehen vor jedem derjenigen Abgeordneten, die sich noch nicht für den Krieg entschieden haben – um ihm Mut zuzusprechen und ihn zu dekorieren, wenn er sich doch noch für den Krieg entschied.

Deutschland soll, Deutschland muss wieder tapfer sein. So

sagte es der Verteidigungsminister in die Mikrofone, so diktierte er es in die Notizblöcke, so rief er auf zur Standhaftigkeit gegen den Terrorismus. Die unaufdringliche Tapferkeit, wie sie der Soldat bisher gelobt hat, wenn er versprach, »der Bundesrepublik treu zu dienen und das Recht und die Freiheit des deutschen Volkes tapfer zu verteidigen« – sie reichte angeblich hinten und vorne nicht mehr aus. Wenn es in den Hindukusch und gegen die Terroristen geht, wurde eine neue Tapferkeit gefordert, nicht nur von den Soldaten, sondern auch von den Politikern: Sie sollten den kriegskritischen Stimmungen in der Bevölkerung widerstehen, immun sein gegen die Protestbriefe aus den Wahlkreisen und gefeit gegen die vielen Resolutionen und Demonstrationen, die dazu auffordern, dem Afghanistan-Krieg nicht beizutreten. Sie sollten sich immer dann, wenn sie die Bilder von zerbombten Dörfern und zerfetzten Kindern in Afghanistan sehen, die amerikanischen Aufnahmen vom 11. September vor Augen halten. Bei außenpolitischen Notwendigkeiten könne es eine Gewissensentscheidung nicht geben, erklärte der Kanzler. Das also ist die neue Tapferkeit: Selbstimmunisierung gegen Zweifel.

Im Zuge des Werbefeldzugs für Heimatverteidigung fern der Heimat hat der damalige Bundeswehr-Generalinspekteur Klaus Naumann bereits im Herbst 1995 die Niederschlagung des Boxeraufstands im Jahr 1900 und des Hereroaufstands von 1904 durch deutsche Soldaten als vorbildlich hingestellt: Der deutsche Soldat müsse, so lautete schon 1995 die Erklärung für Militäraktionen, wie sie jetzt beschlossen werden sollen, »auch fern der Heimat« versuchen, »Krisen von seinem Land fern zu halten, das während seines Einsatzes weiter in Frieden lebt«. Im Sommer 1900 hatte bekanntlich Kaiser Wilhelm II. (»Pardon wird nicht gegeben«) rund 20 000 Soldaten nach China entsandt, um an der Niederwerfung des Aufstands gegen die europäische Fremdherrschaft mitzuwirken. Und 1904 hatten deutsche Truppen in Deutsch-Südwest-Afrika, dem heutigen Namibia, versucht, die aufständischen Hereros auszurotten. Es ist fürwahr ziemlich tapfer, sich auf solche Beispiele zu berufen.

Heribert Prantl

Am tapfersten aber sind die Grünen, weil sie mit einer Zustimmung zum Kriegsbeschluss ihre eigene Geschichte leugnen. Die SPD des Kanzlers Helmut Schmidt hatte einst, als es um die Aufstellung von atomar bestückten Pershing II-Raketen in der Bundesrepublik ging, die Friedensbewegung aus der Sozialdemokratie hinausgeekelt – und damit indirekt zur Gründung der grünen Partei beigetragen. Jetzt führt die Politik, zumal die Militärpolitik, unter dem nächsten SPD-Kanzler Schröder die Grünen wieder dem Ende zu. Das Motto für diese grüne Geschichte lautet also: Die SPD hat's gegeben, die SPD hat's genommen. Der Herr sei der grünen Seele gnädig.

Erich Kästner hat in den fünfziger Jahren, in den Zeiten der Wiederaufrüstung und der Kommunistenangst, viel über falsche Tapferkeit geschrieben: Er vermisste Zivilcourage bei den Bürokraten, »die nichts als ihre Pflicht tun«, bei den Soldaten, »die nichts als ihre Befehle ausführen«, bei all den Kirchlichen, »die nichts weiter plappern können als ihre Ideologie«. Kästner hat damals die Parlamentarier vergessen, die nichts anderes tun als das, was ihnen Kanzler und Parteiführung vorschreiben.

Zivilcourage: Das könnte die Tapferkeit der deutschen Politik sein, Kriegsführung abzulehnen und dafür jegliche andere deutsche Kompetenz zur Terrorbekämpfung und zur Befriedung anzubieten. Erich Kästner fragte einmal: »Wer wagt es, sich gegen donnernde Züge zu stellen?« Und er antwortete selbst: »Die kleinen Blumen in den Eisenbahnschwellen.« Wo sind sie geblieben?

Der Bundeskanzler erklärte nach den Attentaten unter Hinweis auf die Sicherheitspakete, die man verabschieden würde, der Bürger müsse kein Angst haben. Er selbst aber und seine Bundesregierung schürten eine Angst ganz besonderer Art: die Angst vor jeglicher Kritik am Krieg in Afghanistan und an der Art und Weise, wie er von den Amerikanern geführt wird. Schröder rief die »uneingeschränkte« Solidarität mit den USA aus – und dazu gehörte offenbar das Gebot, das Hirn auszuschalten. Jegliche Kritik am Krieg und der Kriegsführung, jegliche Frage danach, wie lang denn noch gebombt werden soll, wo die humanitäre Hilfe bleibt und wie ein übergreifendes politisches Konzept aussieht, wurden im Oktober 2001 behandelt, als handele es sich um Widerstand gegen die Staatsgewalt. Es entstand der Eindruck, als sollte mit den Sicherheitspaketen auch die Gedankenpolizei eingeführt werden. Als deren Vollzugsorgan geriert sich der Seeheimer Kreis der SPD, dessen Vorsitzender so tat, als sei die Forderung nach einem Stopp des Bombardements in Afghanistan eine Verunglimpfung des Andenkens der im World-Trade-Center Ermordeten. Bomben und Care-Pakete: Der Sonderberichterstatter der UN-Menschenrechtskommission hat den Abwurf von Lebensmitteln in Afghanistan, der die Bombardements begleitet hat, als »perverse Aktion geopolitischer Propaganda« bezeichnet. Der Mann hatte Glück, dass er kein deutscher Beamter war, so blieb ihm das Berufsverbot erspart.

Kapitel 9

Ein Bundessicherheitshauptamt?
Wie innere Sicherheit nicht konstruiert
werden darf

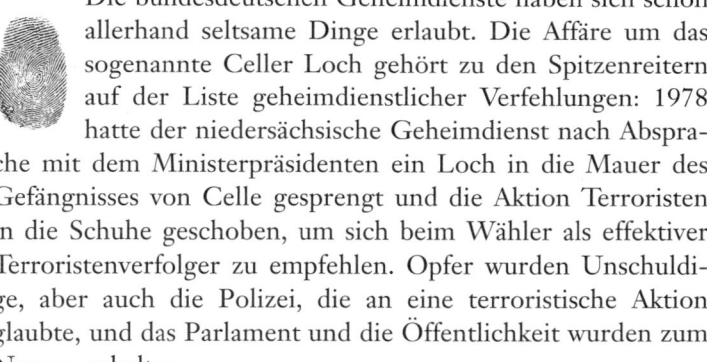

Die bundesdeutschen Geheimdienste haben sich schon allerhand seltsame Dinge erlaubt. Die Affäre um das sogenannte Celler Loch gehört zu den Spitzenreitern auf der Liste geheimdienstlicher Verfehlungen: 1978 hatte der niedersächsische Geheimdienst nach Absprache mit dem Ministerpräsidenten ein Loch in die Mauer des Gefängnisses von Celle gesprengt und die Aktion Terroristen in die Schuhe geschoben, um sich beim Wähler als effektiver Terroristenverfolger zu empfehlen. Opfer wurden Unschuldige, aber auch die Polizei, die an eine terroristische Aktion glaubte, und das Parlament und die Öffentlichkeit wurden zum Narren gehalten.

Der Skandal um das Celler Loch wird noch übertroffen von einem Schmuggel, den der Bundesnachrichtendienst 1994 einfädelte: Ein hochgefährlicher Plutonium-Schmuggel von Moskau nach München im August 1994 war von vorn bis hinten eine Inszenierung des Pullacher Geheimdienstes. Er hatte 363,4 Gramm Plutonium eingekauft, das dann, höchst riskant, nach München geflogen und dort spektakulär sichergestellt wurde. Deutsche Lockspitzel hatten so lange mit so viel Geld gewedelt, bis »normale« Kriminelle ins Nuklearschmuggel-Geschäft eingestiegen waren. Sie waren mit der Nase aufs Plutonium gestoßen worden – und der zu bekämpfende Markt war auf diese Weise erst geschaffen worden. Kriminelle Banden handeln mit nuklearem Material: Aus dieser abstrakten Gefahr machte der Geheimdienst eine konkrete – und gefährdete damit die öffentliche Sicherheit in erheblicher Weise. Wenn ein Atomreaktor außer Kontrolle gerät, dann spricht man von einem GAU. Wenn der staatliche Sicherheitsapparat außer Kontrolle gerät, dann ist das ein GAU für den Rechtsstaat. Der Plutonium-Skandal zeigte in exemplarischer Weise, wie ein solcher GAU entstehen kann: Er beginnt damit, dass ein Geheimdienst mehr tut, als er darf. Die kritische Phase ist erreicht, wenn sich der Geheimdienst polizeiliche und staatsanwaltschaftliche Kompetenzen anmaßt. Ein Geheimdienst, ob er nun Bundesnachrichtendienst oder Verfassungsschutz heißt, ist dafür da, Informationen zu sammeln, mehr nicht – und er darf dies mit besonderen, auch mit gefährlichen Mitteln. Immer dann, wenn er diese Mittel für andere Aufgaben einsetzt, beginnt der Skandal. Der Plutonium-Skandal hatte eine besonders abenteuerliche Dimension: So gefährlich wie beim Schmuggel von Plutonium nach München hatte noch kein bundesdeutscher Geheimdienst seine Kompetenzen überschritten.

Man könnte diesen Plutonium-Schmuggel als einen weiteren Höhepunkt in einer Kette von Geheimdienst-Skandalen abtun, an denen die Bundesrepublik ja nicht arm ist – und sich nicht weiter sorgen: Die Republik hat all diese Skandale passabel überlebt und bewältigt. Wer die Chronologie der bisher gut sechzig parlamentarischen Untersuchungsausschüsse nachliest, stellt fest: Die Hälfte davon befassten oder befassen sich mit Geheimdienstaffären. Es gab eine Rekrutenvereidigung, bei der V-Männer als Steinewerfer erkannt wurden. Es gab einen Mordfall, bei dem der Verfassungsschutz die Aufklärung vertuscht und die Bestrafung der Täter vereitelt hat. Es gab den schon genannten Sprengstoffanschlag auf das Gefängnis von Celle, den der Geheimdienst selbst inszeniert hat. Und nun gab es also 1994 einen Plutonium-Schmuggel, bei dem der BND als Anstifter fungierte.

Also nichts Neues im Westen? Falsch. Neu war nicht nur die Dimension der Angelegenheit. Neu war noch etwas anderes: Bis dahin waren Geheimdienst-Skandale in eine Zeit gefallen, in der ein eherner Grundsatz galt – der Grundsatz der strikten Trennung von Polizei und Geheimdiensten. Der Plutonium-Skandal fiel nun in eine Zeit, in der dieser Grundsatz nicht mehr galt: Der Gesetzgeber selbst hatte ihn aufgeweicht. Der BND hatte durch das Verbrechensbekämpfungsgesetz von 1994 Hilfszuständigkeiten zur allgemeinen Verbrechensbekämpfung erhalten. Und der Plutonium-Skandal zeigte drastisch, dass sich der BND mit einer solchen Hilfszuständigkeit nicht zufrieden gab. Nicht er will Hilfsdienste erledigen, sondern die anderen (Polizei und Staatsanwaltschaft) sollen ihm Hilfsdienste leisten. Das Drehbuch des Plutonium-Schmuggels zeigte das deutlich. Der Verlauf dieses Skandalons demonstrierte, wie der Bundesnachrichtendienst versucht, den exekutiven Apparat der Strafverfolgungsbehörden für sich zu requirieren. Nicht die Polizei, nicht die Staatsanwaltschaft hatte die Sachherrschaft bei der Schmuggelei – obwohl es angeblich um die Bekämpfung und Verfolgung von Nuklearkriminalität ging. Herrin des Verfahrens war der Geheimdienst, also eine Institution, die nicht dem Legalitätsprinzip unterliegt; und der Untersuchungsausschuss des Bundestags recherchierte ihm dann mühsam hinterher. Dem Gesetzgeber hätte dies eine Lehre sein können, sein müssen. Gibt man dem Geheimdienst den kleinen Finger, dann frisst er die ganze Hand.

Der Plutonium-Skandal hätte also sein Gutes haben können – weil er in abschreckender Weise dokumentiert, wohin die Vermischung und Verquickung von Zuständigkeiten führt. Diese Mixtur macht die Bekämpfung und Verfolgung von Straftaten zu einem unverantwortlichen Abenteuer für den Rechtsstaat.

Demokratischer Geheimdienst: ein rundes Viereck

Vermischung, Verquickung? Die strikte Trennung von Polizei und Geheimdienst hat ihren guten Grund: Polizei und Justiz stehen unter öffentlicher Kontrolle, die Geheimdienste nicht – weil sie sonst ihrer geheimen Arbeit nicht nachgehen könnten.

Geheimdienste, das sagt ihr Name, arbeiten geheim. Geheimhaltung und Demokratie vertragen sich aber schlecht, weil eine Demokratie nun einmal von Transparenz und Öffentlichkeit lebt. Ein demokratischer Geheimdienst ist deshalb eigentlich so etwas wie ein rundes Viereck – also eine Contradictio in adjecto. Wenn überhaupt sind Geheimdienste nur dann demokratieverträglich, wenn ihre Aufgaben und Kompetenzen äußerst eng definiert werden. Parlamentarische Kommissionen versuchen, den Widerspruch zwischen Demokratie und Geheimdienst aufzulösen. Sie beheben jedoch, das zeigt der Plutonium-Skandal, das Dilemma nicht. Sie kontrollieren kaum, stattdessen suggerieren sie eine Kompatibilität zwischen Demokratie und Geheimdienst.

Vertrauen ist gut, Kontrolle ist besser. Das wusste nicht nur Lenin, das weiß auch die parlamentarische Demokratie. In der Bundesrepublik hat sie 1978 einen Ausschuss eingerichtet, der den Staat bei seinen geheimsten Verrichtungen beobachten soll: Wenn die drei deutschen Geheimdienste tarnen und täuschen, wenn sie also den Rechtsstaat mit Mitteln schützen, die nur ihnen, nicht aber der Polizei erlaubt sind, dann sollte die Parlamentarische Kontrollkommission (PKK) – mittlerweile heißt sie PKG, Parlamentarisches Kontrollgremium – davon wissen. Diese Kommission soll gewährleisten, dass sich nicht im Geheimen Praktiken entwickeln, für die sich ein Rechtsstaat schämen muss. Doch das »Gesetz über die parlamentarische Kontrolle nachrichtendienstlicher Tätigkeit des Bundes« vom 11. April 1978 versprach schon im Titel sehr viel mehr, als es halten konnte. Der Kommission wurde zwar zugesichert, dass sie Anspruch darauf habe, von der Bundesregierung informiert zu werden »über die allgemeine Tätigkeit der Geheimdienste« und über »Vorgänge von besonderer Bedeutung«. In der Praxis war die Kontrollkommission freilich von der Gnade und Barmherzigkeit des für den jeweiligen Geheimdienst zuständigen Ministers und des jeweiligen Geheimdienstchefs abhängig. Die Kontrollkommission hatte zwar einen Informationsanspruch, konnte ihn aber nicht durchsetzen. Der SPD-Abgeordnete

Wilfried Penner formulierte es so: »Die zu Kontrollierenden kontrollieren, was die Kontrolleure kontrollieren sollen.« Das heißt: Die Exekutive bestimmte, was ihre Kontrolleure erfahren dürfen. Das Prüfungsfeld wurde von denen abgesteckt, die beaufsichtigt werden sollen. Und das geschah nach Gusto. Die Mitglieder der Kontrollkommission waren nach Jahren der mühselig-unzulänglichen Kontrollversuche nicht mehr bereit, diese Praktiken hinzunehmen. Sie verlangten eine juristische Ausstattung ihrer Arbeit, die dem Namen Kontrollkommission gerecht wird. Sie forderten eine »unbedingte« Unterrichtung und Möglichkeiten, diese auch durchzusetzen. So kam es zu einem neuen Namen der Kommission – PKG, weil der alte, PKK, zugleich der Name der Kurdischen Organisation ist, die gerade von den Geheimdiensten wegen Extremismusverdacht observiert wurde – und zu einem neuen Gesetz: dem Parlamentarischen Kontrollgremium-Gesetz vom 17. Juni 1999.

Danach können sich Geheimdienstler jetzt unter Umgehung des Dienstweges jetzt direkt an das Gremium wenden. Das PKG selbst kann unangemeldet in der BND-Zentrale in Pullach nach dem Rechten sehen. Seit dem Gesetz von 1999 wirken die Parlamentarier in der PKG an der Erstellung der Haushalte der Dienste mit, was zumindest ein Drohpotenzial eröffnet. Und neuerdings dürfen die Kontrolleure sogar mit Zwei-Drittel-Mehrheit beschlossene öffentliche Äußerungen machen. Doch diese Angaben verschweigen mehr als sie verraten. Die schärfste Waffe der Kontrolleure ist die Einsetzung eines Untersuchungsausschusses im Bundestag. Allerdings muss das Thema bereits öffentlich geworden sein; die Kontrolleure selbst sind ja zum Schweigen verdammt. Und natürlich müssen sie erst einmal davon erfahren. Als 1994 der BND Plutonium von Moskau nach München schmuggeln ließ, um Atom-Schiebern auf die Spur zu kommen, da hörten die Abgeordneten erst aus den Medien davon. Parlamentarische Kontrolle der Regierung setzt üblicherweise auf die Beeinflussung der öffentlichen Meinung. Bei der Kontrolle der Geheimdienste fehlt diese Möglichkeit. Als »zahnlosen Tiger« bezeichnet deshalb das PKG-Mitglied Edzard Schmidt-Jortzig, ehemaliger FDP-Bundesjustizminister, das Gremium auch heute. Die uneingeschränkte Geheimhaltungspflicht »wird zur absoluten Abschottung genutzt«, kritisiert er.

Hannsjörg Geiger hingegen hat anlässlich seiner Amtseinführung als Präsident des Bundesnachrichtendienstes 1994 »auf die Vielzahl der Kontrollinstanzen« hingewiesen und dem Eindruck widersprochen, der BND-Apparat bewege sich außerhalb des Rechtsstaats. In der Tat: Es gibt das Parlamentarische Kontrollgremium PKG; es gibt das G-10 Gremium und die G-10 Kommission und nicht zuletzt den Bundesrechnungshof. Geigers Widerspruch ist also nicht unbeachtlich – trotzdem: Mit der Kontrolle des Geheimdienstes ist es nicht weit her; da statuiert der Plutonium-Skandal das Exempel. Die Kontrolle des Geheimdienstes mag vielfältig sein, doch ist sie bloß eine hinterherlaufende Kontrolle, sie ist weder besonders effektiv noch besonders effizient. Das beginnt bereits damit, dass das eine Kontrollgremium nicht weiß, was das andere weiß und macht. Die Kontrollorgane sind nicht miteinander verzahnt, sie arbeiten beziehungslos nebeneinander. So wird die demokratische Observation zerlegt bis zur Wirkungslosigkeit. Wenn man es sehr freundlich ausdrücken möchte, dann mit dem Dichterwort: Die Teile hat man in der Hand, nur fehlt drum rum ein einig Band.

Gleichwohl: Politiker und Gesetzgebung weisen den Geheimdiensten einen immer größeren Part bei der Herstellung innerer Sicherheit zu. Nach dem 11. September 2001 hat die CDU-Vorsitzende Angela Merkel für ein Bundessicherheitsamt plädiert, in dem alle Sicherheitsaktivitäten koordiniert werden sollen. Schon der Name ist belastet: Zu Beginn des Zweiten Weltkriegs war nämlich von den Nationalsozialisten ein Reichssicherheitshauptamt eingerichtet worden – ein Generalstab, der die Führung von Geheimer Staatspolizei, Sicherheitsdienst und Kriminalpolizei koordinierte. Es hilft deshalb auch nichts, wenn man vorsichtiger in der Wortwahl ist als Angela Merkel und, wie Wolfgang Schäuble dies schon vor Jahren verlangt hat, aus dem Verfassungsschutz eine Bundesbehörde für innere Sicherheit machen will.

Eine Zusammenfassung der exekutiven Gewalten unter einem Dach ist nicht statthaft, weil eine freiheitliche Verfassung die Verwandlung des Staats in eine Hochsicherheitszone nicht zulässt. Alles, was auch nur in diese Richtung geht, sollte im demokratischen Deutschland verboten bleiben; das gehört zur großen politischen Geschäftsgrundlage dieses Staats. Erstens keine Wehrmacht mit Befugnissen nach innen. Zweitens keine Geheimdienste mit polizeilichen Befugnissen. Indes: Grundsatz eins wankt, wie die politische Diskussion zeigt. Grundsatz zwei ist schon ausgehebelt.

Zum wackeligen Grundsatz eins: Bereits 1994 haben Wolfgang Schäuble und Rupert Scholz von der CDU nach Kurdendemonstrationen auf Autobahnen darüber sinniert, ob nicht die Luftwaffe Bundesgrenzschutztruppen zu den Einsatzorten fliegen soll. Und nach den Attentaten vom 11. September 2001 sind den Innenpolitikern alle möglichen Aufgaben eingefallen, welche die Bundeswehr im Inneren erledigen könnte. Jedoch: Eine Militarisierung der inneren Sicherheit widerspricht dem Geist der Demokratie. 1997 hat die Bundeswehr zum Beispiel beim Oder-Hochwasser der Bevölkerung geholfen; das ist sehr in Ordnung. Ein Einsatz der Bundeswehr im Inneren, der über solche Katastropheneinsätze hinausgeht, ist selbst eine Katastrophe.

Zum obsoleten Grundsatz zwei: Je lauter der Schwur, um so lauer die Wahrheit. In den Erklärungen der damals mitregierenden FDP zum Verbrechensbekämpfungsgesetz '94 finden sich immer wieder die gleichen Sätze. »Es bleibt«, heißt es beschwörend, »bei der klaren Trennung zwischen den Geheimdiensten und der Polizei.« Und eine Aufgabenerweiterung für den Bundesnachrichtendienst sei, ganz sicher, nicht geplant. Das stimmte nicht; seit diesem Gesetz kooperieren Polizei und Geheimdienst. Der Bundesnachrichtendienst wurde das große Ohr der Polizei – er bekam die Aufgabe, per elektronischem Staubsauger Telefonate des internationalen Telefonverkehrs aufzuzeichnen, sobald dabei bestimmte Stichwörter fallen und sich daraus ergebende Hinweise auf Straftaten an die Strafverfolgungsbehörden weiterzugeben (vergleiche Kapitel 6, Seite 73).

Bis dahin waren den Geheimdiensten, die ja nicht von der Justiz kontrolliert werden, Sonderrechte nur zum Schutz der freiheitlich-demokratischen Grundordnung eingeräumt worden. Nun also erhielt der BND eine Hilfszuständigkeit zur allgemeinen Verbrechensbekämpfung. Es wäre doch ökonomisch unsinnig, argumentierten die Befürworter, bei den Strafverfolgungsbehörden einen eigenen technischen Apparat zum Abhören des Telefonverkehrs zu installieren – wenn es beim Geheimdienst schon einen gibt.

Die Tür zwischen Geheimdienst und Polizei war versperrt und verriegelt; seit 1994 ist sie aufgesperrt. Man konnte darüber streiten, wie groß der Spalt war, den das Verbrechensbekämpfungsgesetz öffnete. Das ist nicht entscheidend; es war ein leichtes, die Tür noch weiter aufzustoßen. Die bayerische Staatsregierung in München hat dies sogleich getan und dabei die ganze Tür aus den Angeln gehoben: Der Landesverfassungsschutz in Bayern wurde ermächtigt, die Organisierte Kriminalität mit geheimdienstlichen Mitteln zu bekämpfen – also etwa mit Wanzen, versteckten Kameras und verdeckten Ermittlern. In den Anti-Terror-Gesetzen vom Herbst/Winter 2001 wurden die Türen zwischen Geheimdienst und Polizei dann bundesweit aufgestoßen. Die Geheimdienste haben originäre Aufgaben der Polizei übernommen: Sie dürfen bei Kreditinstituten, Luftverkehrsunternehmen, Post- und Kommunikations-Dienstleistern Daten abfragen und Auskünfte einholen (vergleiche Kapitel 5, Seite 58).

Aus dem Geheimdienst wurde so eine Art Geheimpolizei. Indes: Die Staatsgewalt darf sich keine Tarnkappe aufsetzen. Es geht nicht an, dass die Regeln, die das Polizeirecht und die Strafprozessordnung formulieren, dadurch umgangen werden, dass man die Verhütung und Verfolgung von Straftaten einem Organ überträgt, für das diese Gesetze nicht gelten. Wenn Ge-

Heribert Prantl

heimdienste Polizeiarbeit machen, wie soll da parlamentarische Geheimdienstkontrolle noch funktionieren? Polizeikontrolle ist Aufgabe von Staatsanwaltschaft und Justiz – die sind dafür gerüstet (oder sollten es zumindest sein). Parlamentarische Gremien sind dazu objektiv nicht in der Lage. Das Parlamentarische Kontrollgremium zum Beispiel tagt zwölfmal jährlich ein paar Stunden; denen steht ein Heer von rund zehntausend Geheimdienstlern gegenüber. Kontrolle, die den Namen Kontrolle verdient, ist so nicht denkbar. Deshalb muss gelten: Wenn ein Geheimdienst wie eine Polizei arbeitet, muss er auch wie die Polizei angeleitet und kontrolliert werden – von Staatsanwaltschaft und Justiz.

Das Versickern der Rechtspolitik

Die Tendenz geht in die andere Richtung. Gewicht und Eigenständigkeit der dritten Gewalt schwinden. Die Justiz wird, so hat dies Stefan König in seiner Eröffnungsrede zum Strafverteidigertag 2001 formuliert, zum »Fähnchen am Mast des Panzerkreuzers Exekutive«. Auf der europäischen Ebene ist das schon so, ohne dass sich jemand daran stört. Da gibt es die Trennung der Gewalten nicht mehr, da gibt es längst einen Kommissar für »Justiz und Inneres«. In Nordrhein-Westfalen, Mecklenburg-Vorpommern und Berlin wurde Ähnliches versucht: das eigenständige Justizministerium aufgelöst und anderen Ressorts zugeschlagen. Zwar wurden diese Maßnahmen mittlerweile wegen massiver öffentlicher Kritik wieder revidiert. Der Virus ist aber nach wie vor virulent.

Die herrschende Politik macht die dritte Gewalt, die Justiz, mehr und mehr zur Unterabteilung der zweiten, also der Exekutive – und es geschieht dies sehr schleichend. Es irritiert deshalb kaum jemanden, wenn der Bundesinnenminister die Strafgerichte quasi als eine Abteilung der Polizei betrachtet, und es irritiert das Publikum auch kaum, wenn ein Justizministerium einfach dem Innenressort zugeschlagen wird und somit ein Symbol der Gewaltenteilung verschwindet; Hauptsache, es murmelt jemand das Zauberwort »Effizienz«. Zur Rechtspolitik gehört es, dass sie immer wieder auf ihre Grundlagen verweist – auf die Grundrechte also. Auch das ist momentan nicht gefragt. Grundrechte gelten der herrschenden Politik, der von Union und SPD gleichermaßen, eher als Hindernisse denn als Wegweiser – siehe Asylgrundrecht, siehe Grundrecht auf Unverletzlichkeit der Wohnung. Sie werden in Frage gestellt, wenn man glaubt, dass es ohne sie besser gehen könnte.

Der Rechtsstaatspolitik ergeht es wie der Donau im Oberlauf: Die versickert am Rand der Schwäbischen Alb im kalkigen Boden und liefert ihr Wasser an die Radolfzeller Aach, speist also den Rhein. Einen ähnlichen Vorgang kann man im Verhältnis zwischen der Rechts- und der Innenpolitik in Deutschland beobachten: Die Rechtspolitik verliert an Kraft, sie bahnt sich keinen eigenen Lauf mehr, wird zum unterirdischen Zufluss anderer Kräfte. Von der Donau weiß man, dass sie wieder an die Oberfläche tritt und sich zu einem mächtigen Strom entwickelt. Von der Rechtspolitik ist das derzeit nicht zu erwarten.

Unter dem Einfluss der Französischen Revolution hatten zu Beginn des 19. Jahrhunderts die Reformer in Deutschland – an ihrer Spitze in Preußen der Freiherr vom Stein und der Fürst von Hardenberg – ihren Königen die Einrichtung der klassischen Ministerien abgetrotzt: für Inneres, Auswärtiges, Finanzen, Justiz und Krieg. Mit dieser Verantwortlichkeit der einzelnen Minister für ihre Ressorts wurde der monarchische Absolutismus gebrochen. Die Zuordnung der Gerichtsbarkeit und der allgemeinen Verwaltung zu zwei verschiedenen Ministerien gehört seitdem zum Prinzip der Machtbegrenzung durch wechselseitige Kontrolle – was man in moderner Zeit *checks and balances* nennt. Das sei Rechtsgeschichte, mögen die Politiker heute sagen. Stimmt. Aber nicht alles, was Rechtsgeschichte ist, gehört ins Museum. Der nordrhein-westfälische Ministerpräsident Wolfgang Clement tat, als er das Justizministerium auflöste, so, als habe er einen alten Zopf abgeschnitten. Tatsächlich hatte er Hand an eine der Wurzeln des modernen Verfassungsstaates gelegt.

Heribert Prantl

Exekutive und Judikative haben sehr verschiedene Interessen: Das Innenressort ist ein Ministerium, das Wert auf die effektive Durchsetzung der Regierungspolitik legt. Im Justizministerium dagegen liegt das Gewicht auf der Kontrolle der Rechtsförmigkeit regierungsamtlichen Handelns. Der Rechtsstaat lebt vom Spannungsverhältnis zwischen den beiden Ministerien. Man braucht nicht viel Phantasie, um sich auszumalen, wie die deutsche Politik aussähe, wenn ein Manfred Kanther oder ein Otto Schily sowohl die Innen- als auch die Justizpolitik prägen würde. In den Innenressorts der Länder werden Polizeieinsätze angeordnet, dort liegt die Verantwortung für Genehmigung oder Verbot von Demonstrationen, für Aufenthalt, Ausweisung und Abschiebung von Ausländern. Der Justizminister vertritt politisch die andere Gewalt, diejenige nämlich, die darüber wachen soll, dass es bei Anordnungen der Exekutive mit rechten Dingen zugeht. Es ist problematisch, wenn sich der nämliche Minister zu Vorgängen erklärt, die von »seiner« Polizei so und von »seinen« Gerichten anders bewertet werden. Ein Minister, der zugleich als Innen- und Justizminister auftritt, ist also ein Zwitter.

Die Fusion sei »effektiv, kostengünstig und modern«, sagte man in den genannten Ländern. Selbst wenn es so wäre (was sehr zu bezweifeln ist), ist damit der Ressort-Hermaphrodismus nicht zu rechtfertigen. Im Übrigen mag man in den einschlägigen Lexika unter diesem Stichwort nachlesen: Der Zwitter, griechisch Hermaphroditos, ist nicht etwa ein Wesen von physischer Vollkommenheit, sondern »mythologische Ausdrucksform des androgynen Wesens primitiv-undiffe-ren-zierter Göttlichkeit«. In einem demokratischen Kabinett hat so ein Wesen jedenfalls nichts zu suchen. Ein demokratischer Rechtsstaat braucht eine starke dritte Gewalt.

Kapitel 10

Der strafende Staat –
starke Schwächen, schwache Stärken

Es gehört zu den Kennzeichen des so genannten starken Staats, dass er Schwächen dort zeigt, wo er stark sein müsste, und Stärken dort, wo er schwach sein dürfte. Er zieht sich zurück und zieht sich dort aus der Affäre, wo man ihn gerne sähe – zum Beispiel aus vielen heiklen Ermittlungsverfahren im Dunstkreis von Wirtschaft und Politik, die immer häufiger gegen eine Geldauflage eingestellt werden: Zahlt ein Täter genug Geld, ist die Sache aus der Welt. Hier leistet sich der starke Staat ein erstaunliches Laisser-faire. Andererseits reckt er sich dort, wo man ihn wirklich nicht braucht: Wenn es beispielsweise nach dem Willen der CDU/CSU-Bundestagsfraktion geht, soll das Strafrecht wieder für einen kollektiven Gefühlsschutz sorgen; die CDU/CSU will nämlich die Paragraphen gegen Religionsbeschimpfung verschärfen. Das ist ein entlegenes, und daher besonders anschauliches Beispiel für törichte strafrechtliche Symbolpolitik und für den Fehleinsatz rechtspolitischer Ressourcen.

Wenn das Geld im Kasten klingt, der Täter
von der Schaufel springt

Justitia wird auf verschiedene Weise künstlerisch dargestellt: einmal mit offenen, einmal mit verbundenen Augen; einmal mit Waage, einmal mit Schwert. Eine Darstellung fehlt: Justitia mit dem großen Geldbeutel, die wie eine Kellnerin ihre mehr oder minder zufriedene Kundschaft abkassiert. Eine solche Figur müsste eigentlich seit 1975 zur forensischen Symbolik gehören. Seitdem gibt es nämlich den Paragraphen 153 a Strafprozessordnung, wonach ein Strafverfahren gegen Zahlung einer Geldauflage eingestellt werden kann, wenn so »das öffentliche Interesse an der Strafverfolgung zu beseitigen ist«.

Dieser Paragraph wird neuerdings Kohl-Paragraph genannt, seitdem das Strafverfahren gegen den Altkanzler wegen finanzieller Untreue gemäß dieser Vorschrift nach Zahlung einer Geldbuße von 300 000 Mark ad acta gelegt worden ist. Der Paragraph könnte auch Tandler-Paragraph heißen: Das Verfahren gegen den ehemaligen bayerischen Finanzminister und Ex-Generalsekretär der CSU wegen Steuerhinterziehung und uneidlicher Falschaussage wurde nämlich im Jahr 2000 nach ebendiesem Paragraphen gegen 150 000 Mark eingestellt. Der Paragraph könnte auch Friedel-Neuber-Paragraph heißen: Das Strafverfahren gegen den ehemaligen Vorstandsvorsitzenden der Westdeutschen Landesbank wurde gegen 300 000 Mark eingestellt; die Bank selbst muss 15 Millionen bezahlen. Steffi-Graf-Paragraph wäre auch ein passender Name: Deren Verfahren wegen Steuerhinterziehung wurde 1997 nach Zahlung von (wie Insider sagen) 1,3 Millionen Mark eingestellt – 500 000 Mark an die Staatskasse und 800 000 Mark an gemeinnützige Einrichtungen. Der Paragraph könnte aber auch Herr-und-Frau-Mustermann-Paragraph heißen: beim Gros der Verfahren, die nach diesem Paragraphen eingestellt werden, geht es nämlich um Massendelikte.

Der Paragraph 153 a geht zurück auf das Polizeistrafrecht des 19. Jahrhunderts. Als er 1975 wieder eingeführt wurde, sagten die Staatsanwälte: Um Himmels willen, solche Einstellungen werden wir nie machen. Es hat aber nur wenige Jahre gedauert, bis Staatsanwälte und Richter entdeckt haben, wie einfach man mit dieser Vorschrift Strafverfahren erledigen kann. Das ist auch der verfassungsrechtliche Haupteinwand, den etwa der Rechtsgelehrte Wolfgang Naucke erhebt. Naucke ist emeritierter Professor für Strafrecht, Strafprozessrecht, Kriminologie und Rechtsphilosophie in Frankfurt. Er geißelt die Einstellungspraxis als regellos, unkontrolliert und verfassungswidrig. Und er hat Recht: Der Bürger geht davon aus, dass ein rechtsstaatliches Strafverfahren nach exakten Gesetzen abläuft. Das ist aber hier nicht der Fall; es gibt keine Regeln, es gibt keine Rechtsbehelfe. Und es wird bei einer Verfahrenseinstellung nicht nach juristischen Kriterien, sondern nach persönlichem Gusto von Staatsanwalt und Richter entschieden. Die Voraussetzungen des Paragraphen 153 a sind so vage, dass das mit Juristerei gar nichts mehr zu tun hat. Es kommt nur darauf an: Hält der Staatsanwalt oder der Richter die Tat für schlimm? Hat er Zeit zum Ermitteln? Die Anwendung der Einstellungsvorschrift ist also ins Belieben gestellt – und die Beliebigkeit der Entscheidung wird noch dadurch verstärkt, dass diese nicht begründet zu werden braucht. Es ist etwas völlig Ungewöhnliches im Strafprozess, dass Staatsanwälte und Richter entscheiden können, ohne die Entscheidung begründen oder eine Anfechtung befürchten zu müssen.

Von solchen Einstellungen profitiert nicht nur die Prominenz, sondern auch der Trunkenheitsfahrer, der Dieb, der kleine Erpresser – in diesen Fällen sind freilich die verhängten Geldsummen niedriger. Es ist freilich ziemlich zufällig, ob einem Beschuldigten die Wohltat der Einstellung gegen Geldbuße zuteil wird. Die Gleichheit vor dem Gesetz bleibt hierbei auf der Strecke. Man betrachte nur das Einstellungsprozedere bei den Massendelikten: Die Praxis ändert sich von Gerichtsbezirk zu Gerichtsbezirk, ja von Kammer zu Kammer innerhalb des gleichen Gerichts. Das wäre noch hinnehmbar, wenn es noch Chancen gäbe, Einfluss zu nehmen auf die Entscheidung der Staatsanwaltschaften oder der Gerichte. Der Gesetzgeber aber hat die Regeln so gestaltet, dass der Bürger, Täter oder Opfer, keine Möglichkeit der Einflussnahme hat. Der Beschuldigte muss zwar der Einstellung zustimmen; aber nur bei sehr guter Beratung lässt sich aus diesem Erfordernis eine starke Verhandlungsposition für ihn schaffen.

Bis 1993 war diese Form der Einstellung gegen Geld nur »bei

geringer Schuld« möglich. Diese Bedingung wurde damals gestrichen – bezeichnender- und ehrlicherweise mit einem Gesetz, das Rechtspflegeentlastungsgesetz heißt. Seither können also Strafverfahren auch in Fällen der mittleren Kriminalität gegen Geldauflage eingestellt werden. Und davon wird großzügig, ja beinah exzessiv Gebrauch gemacht. 1982 wurden nach Angaben des Bundesjustizministeriums 156 962 Verfahren eingestellt, 1998 waren es 296 050, Tendenz weiter stark steigend. Im jüngsten Sicherheitsbericht hat die Bundesregierung stolz darauf verwiesen, dass »die Zunahme des Geschäftsanfalls von Staatsanwaltschaften so gut wie gar nicht an die Strafgerichte weitergegeben wird in Form von Anklagen und Strafbefehlsanträgen«. Der Grund dafür ist die, wie es in dem Bericht heißt, »Verdoppelung der Opportunitätsrate«, also der Zahl der Einstellungen nach dem Ermessen der Staatsanwaltschaft.

Der Vorteil für den Beschuldigten: Er gilt als nicht vorbestraft, bleibt verschont von einem öffentlichen Strafverfahren. Die Geldbuße hat freilich irgendwie doch sanktionsähnlichen Charakter. Der Vorteil für die Staatsanwaltschaft: Sie erspart sich viel Arbeit. Sie muss den Fall nicht langwierig ausermitteln und kann, wie gesagt ohne Risiko, ohne Begründung und ohne Rechtskontrolle nach dem Prinzip »Pi mal Daumen« entscheiden. Der Vorteil für die gemeinnützigen Einrichtungen, denen das Geld zufließt: Viele könnten ohne dieses Geld gar nicht mehr existieren. Der Nachteil für den Rechtsstaat: Mit Gesetzlichkeit, Kontrollierbarkeit, mit der Unschuldsvermutung und der Bestimmtheit der Sanktionen ist das alles nicht vereinbar. Die schweren Bedenken aus der Rechtswissenschaft gegen die Einstellungseuphorie werden allerdings von der Praxis überrollt. Auch die Kritik des »Karlsruher Kommentars zur Strafprozessordnung« hat den Gesetzgeber unbeeindruckt gelassen. Dort wettert Bundesanwalt Armin Schoreit über diese Erledigungsmethode, die »weder ausreichend erforscht noch hinreichend durchdacht ist«. Der Bundesanwalt stellt fest: Der Gesetzgeber habe sich »seiner Verpflichtung zur Rechtsgewährung in unverantwortlicher Weise entzogen«.

Die Sache gleicht ein wenig dem Ablasshandel des Mönches Tetzel zu Luthers Zeiten. Diesmal lautet das zugehörige Sprüchlein so: Wenn das Geld im Kasten klingt, der Täter von der Schaufel springt. Die Kritiker, die von einem Handel mit der Gerechtigkeit sprechen, stellen diesen Handel zwischen dem Strafverfolger und dem Beschuldigten an die Seite des sogenannten Deals im Strafprozess sozusagen als seine Vorstufe: Der Deal wird praktiziert, wenn eine öffentliche Hauptverhandlung wegen des Gewichts der Straftaten unvermeidbar ist, dieses Verfahren aber abgekürzt werden soll. Hier sind Vereinbarungen üblich geworden, wonach der Täter gegen ein (Teil-)Geständnis besser wegkommt und nur zu einer vorher vereinbarten Strafe verurteilt wird.

Gott und das Strafrecht: Sanktionspolitik als Symbolpolitik

Der Satz, dass Strafrecht Ultima ratio, letztes Mittel, sein soll, gilt nur noch in den Lehrbüchern. Sowohl linke als auch rechte Politik mißbrauchen es als Steuerungsinstrument für alle möglichen gesellschaftlichen Defizite. Strafrecht hat zunehmend symbolischen Charakter; mehr und mehr werden nicht nur konkrete Verletzungen, sondern abstrakte Gefährdungen kriminalisiert. Strafrecht wird, weil es immer weiter ins Vorfeld der Kriminalität marschiert, zu einem nicht mehr beherrschbaren Risiko. Die Strafjustiz säuft ab – und der Gesetzgeber selbst hat diesen Zustand verursacht. Er denkt aber gar nicht daran, diesen Zustand zu beseitigen. Seit langem werden stattdessen die Rechte der Beschuldigten und Verteidiger beschnitten. Und es wird an den Stellschrauben des Strafprozesses herumgedreht um die Maschinerie zu beschleunigen. Das mag da und dort einen Sinn ergeben; viel wichtiger und effektiver wäre es, das Strafrecht wieder auf seinen Kernbereich zurückzuführen – den Schutz von Leben, Unverletzlichkeit und Freiheit der Person und den Schutz des Eigentums.

Das Gegenteil geschieht. Die Initiative der CDU/CSU-

Heribert Prantl

Bundestagsfraktion zur Verschärfung der sogenannten Religionsdelikte ist ein, wie bereits erwähnt, abseitiges, aber bezeichnendes Beispiel. Rückwärts, rückwärts: Man muss sich ein wenig in die Geschichte der Bestrafung der Gotteslästerung vertiefen, um zu ahnen, welcher Geist in einer solchen Initiative steckt.

Die Vorfahren des CSU-Bundestagsabgeordneten Norbert Geis heißen Dionysius der Kartäuser, Johann Geiler von Kaysersberg und Andreas Musculus. Es handelt sich um Bußprediger und Predigtschreiber des frühen 16. Jahrhunderts, die in dicken Büchern das Fluchen und Gotteslästern abgehandelt und die Zungendelikte zur achten Todsünde erklärt haben. Norbert Geis strebt, namens und im Auftrag der CDU/CSU-Bundestagsfraktion, etwas Ähnliches an: Er will den Strafrechtsparagraphen 166 verschärfen, in dem die Beschimpfung von religiösen oder weltanschaulichen Bekenntnissen mit Freiheitsstrafe bis zu drei Jahren geahndet wird; er will, dass der Staatsanwalt eingreift, wenn Schweine gekreuzigt, Nackte auf Altären fotografiert oder Christus und Apostel als Schwule dargestellt werden.

Doch wer beleidigt Gott eigentlich mehr? Derjenige, der lästert – oder der, der meint, er müsse Gott mit Paragraphen schützen? Blasphemie ist, wenn die CDU/CSU glaubt, sie müsse Gott einen deutschen Staatsanwalt zu Hilfe schicken. So macht man seinen Gott klein.

Beim Franziskanermönch Thomas Murner, der einer der schärfsten publizistischen Gegner Martin Luthers und der Reformation wurde, kann man nachlesen, warum Fluchteufel und Maulaffen so furchtbare Schuld auf sich laden: weil sie die Rache Gottes herausfordern. Wer »das Maul in den Himmel stößt«, beschwört Hungersnot, Seuchen, heils- und weltgeschichtliche Katastrophen herauf. Der Gott dieses Gottesbildes ist ein verletzlicher und verwundbarer Gott. Gotteslästerung ist Gottesattentat. Das zeigt sich in dem von der mittelalterlichen Traktat-Literatur jahrhundertelang variierten Beispiel vom Bogenschützen, der, voll Zorn darüber, dass er beim

Turnier verloren hat, einen Pfeil in den Himmel schießt, als wollte er sich an Gott rächen. Am folgenden Tag, als sich der Schütze zur selben Stunde zum Spiel begibt, fällt der Pfeil blutüberströmt herunter. Und weil die göttliche Majestät weit über den weltlichen Majestäten steht, ist die Gotteslästerung in den Rechtsordnungen des 16. Jahrhunderts das schwerste aller Verbrechen, Straftat und magische Handlung zugleich.

Paul Johann Anselm Ritter von Feuerbach, der große Strafrechtler der Aufklärung, hat damit Schluss gemacht: »Dass die Gottheit injuriert werde, ist unmöglich; dass sie wegen Ehrenbeleidigungen sich an Menschen räche, undenkbar; dass sie durch Strafe ihrer Beleidiger versöhnt werde, Torheit«. Aber die Kirche hat, so Feuerbach, »als moralische Person ein Recht auf Ehre«. Das etwa ist der Gedanke, der dem heutigen Strafrecht, das der CDU/CSU zu liberal ist, zugrunde liegt.

Heute ist es so: Der Schutz der Religionsausübung in Paragraph 167 des Strafgesetzbuchs ist eine auf kirchliche Verhältnisse umgemodelte Norm gegen den Hausfriedensbruch. Ansonsten hat sich der Staat zurückgezogen auf den Schutz des öffentlichen Friedens: Das Beschimpfen von Bekenntnissen wird gemäß Paragraph 166 Strafgesetzbuch nur dann bestraft, wenn »es geeignet ist, den öffentlichen Frieden zu stören«. Vereinzelter Protest stört diesen Frieden nicht; bis 1969 hätte singulärer Protest als Ausdruck der Verletzung religiösen Gefühls genügen können. Verklagt wurde seinerzeit jeder, der »dadurch, dass er in beschimpfender Weise Gott lästert, Ärgernis gibt«. Zu diesem Rechtszustand möchte die CDU/CSU zurückkehren, so hat das Joseph Kardinal Ratzinger schon gefordert, als Gläubige Mitte der achziger Jahre vergeblich gegen einen Achternbusch-Film protestierten. Ratzinger nannte die Beschränkung des Strafrechts auf die Gefährung des »öffentlichen Friedens« eine Aufforderung zum Faustrecht.

Rückwärts, rückwärts. Bestraft soll werden, wer Gott lästert und Ärgernis gibt: Norbert Geis und die Union wollen sich wieder einklinken in die alte Rechtsprechung, die Kunstgeschichte geschrieben hat. Beleidigte Majestäten waren abwechselnd der Kaiser oder der liebe Gott. Zum Beispiel durch eine Karikatur im *Simplicissimus* zur Palästina-Reise Wilhelms II. im Jahr 1898: Da sieht man den Grafen von Bouillon und den Kaiser Barbarossa vor einer orientalischen Kulisse; Barbarossa hält den Tropenhelm Wilhelms II. und krümmt sich vor Lachen. Bouillon spricht zu Barbarossa: »Lach nicht so dreckig, Barbarossa, unsere Kreuzzüge hatten doch eigentlich auch keinen Sinn.« Lustig? Die Karikatur brachte den Zeichner Heine und den Autor Wedekind ins Gefängnis. Oder George Grosz: Er kam wegen seines »Christus mit der Gasmaske« in Konflikt mit dem Gesetz, weil das Reichsgericht erkannte, dass er so gegen die Kriegstreiberei der Geistlichkeit protestieren wollte.

Der liebe Gott und das Strafrecht: Das verletzte religiöse Gefühl war dem SPD-Justizminister und späteren Bundespräsidenten Gustav Heinemann ein zu vages Schutzgut für ein Strafgesetz; aus dem alten Gotteslästerungsparagraphen wurde deshalb 1969 ein strafrechtlicher Appell zum Anstand in der religiösen Auseinandersetzung. Die Strafandrohung heute ist, wie gesagt, zum Missvergnügen der CDU/CSU an die Bedingung geknüpft, dass die Beschimpfung »geeignet ist, den öffentlichen Frieden zu stören«. Weil sich das nur selten nachweisen lässt, gehen Gotteslästerer in der Regel straffrei aus. Die Staatsanwaltschaft München hat das 1985 in einer Einstellungsverfügung so erklärt: Es erscheine unvorstellbar, dass »in unserer aufgeklärten Zeit Anhänger eines christlichen Bekenntnisses sich hinreißen lassen könnten, für ihren Glauben gleichsam auf die Barrikaden zu gehen und friedensgefährdende Protest- und Gewaltaktionen durchzuführen«. Seit 1969 also tritt die Gotteslästerung strafrechtlich nur noch dadurch in Erscheinung, dass CDU oder CSU alle paar Jahre einen neuen Anlauf unternehmen, die Vorschrift wieder zu verschärfen. Die CDU/CSU hat, geleitet vom Scharfsinn Ratzingers, richtig erkannt, dass es nicht von der Militanz der Anhänger einer Religion abhängen kann und darf, ob Gotteslästerung bestraft wird oder nicht. Sie zieht daraus freilich die falsche Folgerung. Das Delikt gehört nicht verschärft, sondern gestrichen.

Verdächtig 141

Einen kollektiven Gefühlsschutz kennt das moderne Strafrecht nicht; das verletzte religiöse »Gefühl« ist als Grundlage für Strafe viel zu unbestimmt. Der Fortbestand der Norm, so schreibt der Jurist Daniel Beisel 1997 in einer Arbeit über die Kunstfreiheitsgarantie, »beruht nur noch aufgrund puren Lobbyismus durch Religionsgemeinschaften und konservative Kreise«. Der CDU/CSU geht es bei ihrer Verschärfungsforderung um die Bewahrung christlicher Tradition. Das ist ihr gutes Recht. Christliche Tradition ist aber in den Strafvorschriften eines weltanschaulich neutralen Staats schlecht aufgehoben; dort verkümmert sie nur. Die Religionsdelikte sind also nicht zu verschärfen, sondern komplett abzuschaffen. Eine Strafbarkeitslücke entsteht nicht; bei wirklich massiven Fällen greift der Tatbestand der Volksverhetzung.

Kapitel 11

Hau den Lukas, starker Staat

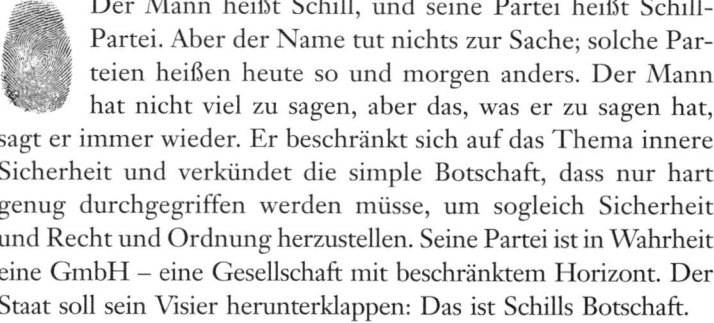 Der Mann heißt Schill, und seine Partei heißt Schill-Partei. Aber der Name tut nichts zur Sache; solche Parteien heißen heute so und morgen anders. Der Mann hat nicht viel zu sagen, aber das, was er zu sagen hat, sagt er immer wieder. Er beschränkt sich auf das Thema innere Sicherheit und verkündet die simple Botschaft, dass nur hart genug durchgegriffen werden müsse, um sogleich Sicherheit und Recht und Ordnung herzustellen. Seine Partei ist in Wahrheit eine GmbH – eine Gesellschaft mit beschränktem Horizont. Der Staat soll sein Visier herunterklappen: Das ist Schills Botschaft.

Der Mann ist also ein Populist, aber das ist nicht strafbar. Sträflich ist es allerdings, dass die Politik, zumal die in Hamburg, es einem wie ihm so leicht macht und so leicht gemacht hat – so leicht nämlich, dass er das Draufhauen betrügerisch als »rechtsstaatliche Offensive« ausgeben konnte. Das funktioniert deswegen, weil der Rechtsstaat seine Stärken nicht zeigt und für seine Erfolge nicht wirbt. Ängste, auf denen die Populisten schwimmen, entstehen, weil der Rechtsstaat nicht präsent ist, weil der Bürger ihn so wenig sieht. Der Rechtsstaat versteckt zum Beispiel seine Aufklärungserfolge und oft tut er so, als müsse er sich für seine Errungenschaften, für Resozialisierung beispielsweise, genieren. Zum Rechtsstaat gehört es, den Bürgern ein sicheres Gefühl zu geben; darauf hat Kriminalpolitik viel zu wenig geachtet. Die Bevölkerung muss ihre Polizei vor Augen haben, sie muss sie ansprechen und erreichen können.

Eine Kriminal- und Strafrechtspolitik, die stattdessen auf Klimbim wie Lauschangriffe setzt, macht einen schweren Fehler.

Alle Probleme im Aktenbock

Demagogen und Populisten haben Erfolg, weil sie ihre Vorarbeiter in den etablierten Parteien und in den Medien haben: Beim Reden und Schreiben über Kriminalität wird der Eindruck erweckt, als sei der Staat ein Waschlappen. Den glühenden Glauben an die gesellschaftsmedizinische Kraft von Polizei und Justiz hat nicht erst Herr Schill geweckt; er schöpft ihn nur ab. Und er profitiert davon, dass die so genannte vierte Gewalt bei der Darstellung von Gewalt gewalttätig ist: das Angstmachende wird vergrößert, multipliziert, potenziert. So ist der Eindruck einer hochkriminellen Gesellschaft entstanden. Und weil die Angst vor Kriminalität mit dem Alter der Leute steigt, wird einer, der mit Ängsten Politik macht, es in einer alternden Gesellschaft immer leicht haben.

Die Gegner Schills haben im Wahlkampf dessen politische Defizite wiederholt dargestellt: Der Mann verstehe nichts von Wirtschafts- und Finanzpolitik, interessiere sich nicht für Kultur- und nicht für Verkehrspolitik und schon gar nicht für Sozialpolitik. Das Sinnen und Trachten Schills beschränke sich einzig auf das Polizei- und Strafrecht. Die Gegner hatten mit dieser Kritik zwar Recht, aber keinen rechten Erfolg. Gerade die Beschränktheit des Programms faszinierte das Publikum: Vermeintlich liegen alle Probleme im Aktenbock des Richters Schill und werden mit scharfen Beschlüssen erledigt. Die Welt wird so einfach mit einem wie ihm; das macht ihn so anziehend – und so gefährlich.

Wähler reagieren wie Kranke

Die trigonometrischen Punkte solcher Politik heißen Polizeirevier, Amtsgericht und Gefängnis. Man kann sich über diese politische Glücksverheißung natürlich lustig machen. Aber nach solch sauberer Übersichtlichkeit sehnen sich Bürger, die Angst haben. In Hamburg gibt es mehr Angst und mehr Gewalt im Alltag als in anderen deutschen Großstädten. Mitten im pulsierenden Reichtum der Stadt existiert soziale Verwahrlosung. Man muss sich also nicht wundern, dass einer Zulauf hat, der die Kriminalität in hundert Tagen zu halbieren verspricht. Das ist Scharlatanerie, aber offensichtlich glauben immer mehr Bürger lieber einmal einem neuen Scharlatan als noch einmal denen, die schon viele Jahre alles Mögliche versprochen haben. Wähler reagieren wie Kranke: Wer vergeblich bei einem Dutzend Ärzten war, der versucht es schließlich bei einem Wunderheiler.

Die beiden großen Parteien in Hamburg waren vorgewarnt: 1993 hatten die Rechtsextremisten nur mit knapper Not den Einzug in die Bürgerschaft verfehlt. 1997 endete SPD-Bürgermeister Henning Voscherau in einem Desaster, als er meinte, er müsse nur die Law-and-order-Formeln der Rechten nachbeten, um gewählt zu werden. Er hatte eines verkannt: Ein erfolgloser praktischer Arzt erhält nicht dadurch neuen Zulauf, dass er auf einmal als Quacksalber auftritt. In der Politik ist es nicht anders. Voscheraus Auftritt endete in seinem Rücktritt.

Mehr verhaften, schneller verhaften, mehr strafen, schärfer strafen, länger einsperren, weg mit liberalem Firlefanz, ruck, zuck raus mit den Ausländern: Das alles hat nicht Ronald Schill erfunden. Dergleichen gehört zu den Orientierungsmustern, zu den einfachen Antworten und den Schwarz-Weiß-Bildern, wie sie seit jeher von extremen Parteien zur Krisenlösung propagiert werden. Allerdings verhält es sich nunmehr so, dass die Schamgrenze zwischen Rechtskonservativismus und Rechtsradikalismus verschwimmt, seitdem im Namen der Lehre vom starken Staat der Zweck die Mittel heiligt. Im Unterschied zu den Politikern etablierter Parteien drückt sich Schill lediglich ein wenig schärfer aus und verzichtet sonst auf alles politische Beiwerk – und er hat die Chuzpe, den Teil-Ausverkauf des Rechtsstaats als »rechtsstaatliche Offensive« zu vermarkten und zu seinem Parteinamen zu machen.

Verdächtig

Kombination aus Schill und Schily

Es gibt eine tiefe Sehnsucht nach innerer Sicherheit, die noch weiter wachsen wird – in dem Maß nämlich, in dem der Wohlstand und die gewohnte Ordnung bedroht sind oder auch nur bedroht zu sein scheinen. Der Staat hat die Pflicht, diese Nachfrage zu befriedigen; zu diesem Zweck ist er Träger des Gewaltmonopols. Das sind ja auch ganz normale bürgerliche Verhaltensweisen: Wenn es um die Umwelt im eigenen Stadtviertel geht, ist fast jeder ein Grüner. Und wenn es um die Sicherheit im eigenen Stadtviertel geht, ist fast jeder eine Kombination aus Schill und Schily.

Schill und Schily: Die beiden fallen derzeit als Anbieter bei der Nachfrage nach dem starken Staat besonders auf. Der eine, Schill, setzt auf exzessive Repression, aufs Draufhauen also; der andere, Schily, setzt auf exzessive Prävention, auf Vorbeugung. Dazwischen liegen viel mehr als die 296 Kilometer zwischen Hamburg und Berlin, dazwischen liegen Welten. Schill ist also nicht der kleine hanseatische Schily. Schill ist ein rechtspolitischer Reaktionär. Schily dagegen ein sicherheitspolitischer Verführer, der den Staat neu zu konstruieren versucht – als Risikovermeidungsorganisation. Schily sieht nicht oder will nicht sehen, dass er damit aus Menschen, die unverdächtige Bürgerinnen und Bürger waren, Risikofaktoren macht.

Wäre der Rechtsstaat so, wie der Hamburger Wahlkämpfer und Richter Ronald Barnabas Schill ihn gerne hätte, also scharf und eifernd und rücksichtslos, dann wäre Schill 2001 vom Bundesgerichtshof verurteilt worden. Dann hätte der Rechtsstaat an dem sauberen Herrn das exerziert, was dieser in seinen Wahlkampfreden fordert. Dann hätte der Staat gesagt: Dem zeigen wir es jetzt einmal, und hätte gnadenlos zugelangt. Und in der Begründung für diese Gnadenlosigkeit hätte es geheißen: In dubio contra – also »im Zweifel gegen den Beschuldigten, im Zweifel für Härte«. Der Staat, der so urteilt, wäre aber kein Rechtsstaat mehr. Schill allerdings hätte dann auf diese Weise erfahren, wie es ist, wenn er das, was er gern lautstark fordert,

Heribert Prantl

am eigenen Leib verspürt. Der Bundesgerichtshof hat anders entschieden: Er hat die Verurteilung Schills wegen Rechtsbeugung aufgehoben und die Sache ans untere Gericht zu neuer Entscheidung zurückgewiesen. Praktisch ein Freispruch für Schill, der dann auch auf dem Fuße folgte.

Schill hat bisher die volle Härte des Gesetzes (und gelegentlich noch viel mehr) diejenigen Beschuldigten spüren lassen, die ihm als Richter in die Hände gefallen waren. Er hat sie (in einem viel diskutierten Fall waren es zwei Störer seiner Gerichtsverhandlung) als Objekt seiner Selbstdarstellung benutzt, als Werbefläche für seinen politischen Feldzug. Die Anforderungen, die üblicherweise an den juristischen Nachweis einer Rechtsbeugung gestellt werden, sind allerdings so hoch, dass Schill ein Vorsatz nicht nachzuweisen war – daher der Freispruch. Einen Straftatbestand »richterliche Strafengeilheit« gibt es nicht. Schill, der seine Scharfrichter-Urteile in der Öffentlichkeit präsentiert hat wie ein Westernheld die Kerben auf seinem Gewehr, wäre ansonsten Wiederholungstäter. Er macht sich selbst zum Maßstab des Rechts.

Justitia trägt die Binde auch wegen Richtern wie seinesgleichen. Sie schämt sich. Die Wähler, die dem Scharfmacher jetzt noch zujubeln, werden schnell merken, wie recht sie hat. Wer, wie Schill, Weltverbesserung per Strafrecht verspricht, ist ein Weltverschlimmerer.

Sicher: Man kann es niemandem vorwerfen, wenn er die innere Sicherheit zum Thema macht. Im Gegenteil – nicht nur in Hamburg ist das viel zu wenig geschehen. Es geht nicht darum ob, sondern wie man sie thematisiert. Die Angst der Menschen ist einfach da, das zeigt der Zulauf, den Schill & Co haben. Die Lehre für die seriöse Politik: Sie muss Kriminalitätsängste ernster nehmen. Man kann die Leute nicht damit beruhigen, dass man ihnen sagt, ihre Ängste seien überzogen, größer jedenfalls, als nach der Kriminalstatistik berechtigt. Beschwichtigung allein hilft nicht. Kriminalität und Kriminalitätsangst verhalten sich nicht wie Original und Spiegelbild zueinander. Die Angst vor dem Verbrechen, die ein Mann wie Schill abschöpft, ist kein schlichter Reflex auf tatsächliche Bedrohung, sondern zeugt von genereller Verunsicherung. Wer verunsichert ist, will bei der Hand genommen werden. Diese Handreichung darf man aber nicht Leuten wie Ronald Barnabas Schill überlassen.

Falsche und richtige Anworten

Angst vor Kriminalität ist weder kleinbürgerlich noch reaktionär, sondern real und berechtigt. Jeder macht seine Erfahrungen mit der Massenkriminalität, mit Autoaufbrüchen und Wohnungseinbrüchen, mit Straßenraub und der kriminellen Verelendung von Drogensüchtigen. Und diese jeweils eigenen Erfahrungen werden von Medien klischiert und multipliziert. Eine Innenpolitik, die versuchte, diese Angst einfach als übertrieben abzutun, disqualifizierte sich selbst. Eine Innenpolitik aber, die auf diese Angst nur mit falschen Verheißungen antwortet, disqualifiziert sich nicht weniger. Der Einbruch ins Grundgesetz und in die rechtsstaatliche Ordnung sind krimineller als ein Ladeneinbruch.

Horrende Kriminalitätsangst ist nicht zuletzt eine Resultante medialer Darstellung von Kriminalität. Interessiert ist ja jeder an Kriminalität, weil sie nun einmal so interessant ist. Das Spektakuläre, das Angstmachende wird vergröbert und vergrößert – der soziale Kontext, die Bedingungen und Folgen von Straftaten bleiben weitgehend ausgeblendet. Auf diese Weise vermittelt, wie dies der Kriminologe Heinz Müller-Dietz einmal so schön gesagt hat, vor allem das Fernsehen eine Vorstellung wie folgt: »Die Kriminalität entsteht nicht in der Gesellschaft; sie wird vielmehr der Gesellschaft von außen angetan.« Bezeichnend ist, dass fast ausschließlich über Kapitalverbrechen berichtet wird – zu neunzig Prozent. Das erweckt den Eindruck einer hochkriminellen Gesellschaft, in der keiner mehr sicher sein kann. Der Mörder wird zum Prototyp des Rechtsbrechers, so dass der Rezipient auch in jedem Straftäter ein Stück Mörder sieht.

Die politische Debatte über die innere Sicherheit wird geführt, als lebten die Politiker in einer anderen Welt. Sie konzentrieren sich auf Maßnahmen gegen einen winzigen, zugegebenermaßen gefährlichen Ausschnitt aus dem kriminellen Geschehen – auf die Organisierte Kriminalität und auf den Terrorismus. Das Vorgehen gegen die Massenkriminalität würde ein radikales kriminalpolitisches Umdenken erfordern; dazu bleibt gegenwärtig weder Kraft noch Zeit.

Zum Beispiel Ladendiebstahl: Es geht darum, massenhaft auftretende Bagatellschäden in einem möglichst unkomplizierten, aber um so effektiveren Verfahren zu bewältigen. Die gegenwärtige juristische Prozedur bewirkt das Gegenteil: Erst kommt das Kaufhaus mit Detektiv, Fangprämie und Schadenersatzforderung, schließlich übernimmt die Staatsanwaltschaft das Verfahren und beschäftigt, je nach Sachlage, auch noch das Gericht. Zu guter Letzt waren dann, wegen eines Haarwaschmittels und zweier Comic-Hefte, ein Staatsanwalt und ein Richter plus zwei Schreibkräfte im Einsatz. Überlegungen, den Ladendiebstahl anders zu ahnden, bedeuten deshalb nicht Entkriminalisierung und Verzicht auf Strafe, sondern den differenzierten Gebrauch rechtsstaatlicher Mittel. Man könnte Ladendiebstähle wie Übertretungen im Straßenverkehr verfolgen – konsequent. Was spricht dagegen? Nichts. Dann wäre der einfache Ladendiebstahl zwar keine Straftat mehr, sondern eine Ordnungwidrigkeit; der Rechtsgüterschutz wäre aber gleichwohl gewahrt. Für Serientäter bliebe das Strafrecht in Reserve. Eine solche Lösung hat alte Weisheiten auf ihrer Seite. Erstens: Das Strafrecht soll ja Ultima ratio sein, also das allerletzte Mittel. Und zweitens sagt schon das lateinische Rechtssprichwort: Minima non curat praetor – nicht um jede Petitesse muss sich ein Richter kümmern.

Massenkriminalität (Wohnungseinbrüche, Diebstähle, kleine Räubereien) wird gegenwärtig kaum noch verfolgt, sondern nur noch verwaltet: Anzeige gegen Unbekannt wird aufgenommen, Anzeige gegen Unbekannt wird eingestellt. Um dies zu ändern, bedarf es massiver Eingriffe in den polizeilichen Alltag. Derzeit wird die Polizei als Helfer für alle möglichen Verwaltungen missbraucht, Polizisten werden mit Schreibarbeiten verschlissen – zur Protokollierung auch von kleineren Straßenverkehrsunfällen beispielsweise, bei denen es nicht um innere Sicherheit, sondern allein um die Schadensregulierungsinteressen der Versicherungsgesellschaften geht. Diese sind nicht unwichtig, aber doch keine originäre Aufgabe der Polizei. Es handelt sich um einen Fehleinsatz knapper Ressourcen.

Epilog

Wann ein Staat wirklich stark ist

Jeder vierte Deutsche kann sich vorstellen, eine Partei wie die von Amtsrichter Schill zu wählen; das besagt eine Forsa-Umfrage nach den Hamburger Wahlen im September 2001. Also: Weg mit dem verständnisvollen Getue, dem Resozialisierungs-Trara? Wenn jeder vierte Deutsche empfänglich ist für derlei Töne, dann stimmt etwas nicht in diesem Land. Es stimmt etwas nicht, wenn es in Deutschland leichter zu sein scheint, die Peinliche Halsgerichtsordnung von 1532 wieder einzuführen, als den Leuten das Strafvollzugsgesetz aus dem Jahr 1976 verständlich zu machen. Warum ist das so? Und: Wo sind die Gegenkräfte gegen die grassierende Rechtsstaatsmüdigkeit?

Unter tatkräftiger Mithilfe des Bundesverfassungsgerichts hat sich zwar in der Bundesrepublik Deutschland eine liberale Strafrechtsordnung entwickeln können, doch viele ihrer Vorschriften schwimmen wie Schnittlauch auf einer Suppe von Vorurteilen, sind in den Augen vieler bloßer Schnick-Schnack und Zierrat. Die Wissenschaft vom Strafrecht hat sich in den vergangenen zwanzig Jahren im Elfenbeinturm versteckt. Sie sieht sich offensichtlich nicht in der Lage, ihre Erkenntnisse, deren Frucht die rechtsstaatliche Strafrechtsordnung ist, der Öffentlichkeit zu vermitteln und für sie zu werben. Der Versuch weniger Strafrechtswissenschaftler, in der Öffentlichkeit zu agieren, gilt offenbar in Fachkreisen als degoutant. Öffentliche Publizität indiziert dort Unwissenschaftlichkeit. Ist unwissenschaftlich nicht eher der, dessen Argumentationsfähigkeit über die Fachzeitschriften nicht hinausgeht? Eine Wissenschaft, die nur noch sich selber befruchtet, ist nutzlos. Wer aufgeklärte Kriminalpolitik will, muss Aufklärung betreiben.

Vor einigen Jahren trieb das Entsetzen über einen Kindermord die Menschen auf die Straße. Sie quälte der Verdacht, auch das Recht könnte Schuld sein an Unrecht und Verbrechen. In der Heimat des ermordeten Mädchens zogen die Demonstranten schweigend zum Tatort. Ihr Lichterzug war Mahnung für Politiker und Juristen. Nämlich: Zu lange haben die Fachleute elitär über die Leute hinweggeredet. Die Theorie und Praxis des Strafens muss aber die Auseinandersetzung auch mit naiven Fragen und Vorwürfen der Öffentlichkeit aushalten. Das heißt: Einerseits dürfen die Erwartungen der Öffentlichkeit nicht mit der Attitüde des abgebrühten Experten vom Tisch gewischt werden. Andererseits hilft es nichts, wenn die Politik den Wunderglauben an das Strafrecht noch verstärkt. Hier sind viele Fehler gemacht worden – auch von Medien. Sie haben dem Volk nach dem Mund geredet, den sie zuvor mit immer mehr und immer brutaleren Verbrechensdarstellungen selbst gefüttert hatten. Die allergleichen Magazine und Illustrierte, die dies getan haben, wunderten sich dann über den Erfolg des Rechtspopulisten Schill.

Der Fundamentalfehler liberal-rechtsstaatlicher Politik aber sieht so aus: Sie hat sich den starken Staat rauben lassen. Sie war furchtsam, sie hat sich, zum Beispiel, nicht für Resozialisierung zu werben getraut – die ja nicht Weicheierei ist, sondern Verhinderung von Straftaten bedeutet. Heute können sich deshalb die Rechtspopulisten als Schausteller des starken Staats brüsten und diesen zu einer spektakelhaften Attraktion machen, zu einer Art Hau-den-Lukas. Der starke Staat ist aber keine Knallcharge. Er ist eine Autorität, die ohne Eiferei und Gehechel Straftaten vorbeugt und verfolgt. Stark ist nicht der Staat, der ständig ausschlägt, sondern der, der die Balance zwischen Repression und Prävention findet, der maßvoll straft, sich tatkräftig um die Opfer kümmert und für inneren Frieden auch dadurch sorgt, dass er das Recht in Frieden läßt.

Heribert Prantl

Das Gegenteil ist der Fall. Die Autorität des Rechts als ruhender Pol im gesellschaftlichen Wandel ist dahin. Nach jedem aufsehenerregenden Verbrechen, nach jedem Attentat wird das geltende Recht von neuem in Frage gestellt, werden wieder angebliche Hindernisse auf dem Weg zu mehr Sicherheit entdeckt. Hindernisse? Die ganze Strafprozessordnung, vom Zeugnisverweigerungsrecht bis zum Folterverbot, ist, wenn man nur in der Kategorie »Sicherheit mit allen Mitteln« denkt, eine Ansammlung von Hindernissen. Wem nutzt das Aussageverweigerungsrecht des Beschuldigten? Wem nutzt das Zeugnisverweigerungsrecht des Arztes? Im Zweifel ist es immer der Beschuldigte, der davon profitiert. Der Grundsatz »Im Zweifel für den Angeklagten«? Er führt dazu, dass Verdächtige freigesprochen werden müssen. Das Verbot bestimmter Vernehmungsmethoden? Es führt dazu, dass Straftaten nicht aufgeklärt werden können. Manchmal hat es sogar zur Folge, dass die Begehung neuer Straftaten nicht verhindert werden kann. In Israel ist deshalb »mäßiger körperlicher Druck« (im Klartext Folter) auf verdächtige Personen (im Klartext Palästinenser) offiziell genehmigt. Exakt das ist die Konsequenz, wenn man sich einmal darauf eingelassen hat, Grundrechte unter Sicherheitsvorbehalt zu stellen. Diese Grundrechte werden dann bald von den Vorbehalten erschlagen.

Wer Sicherheit mit allen Mitteln gewährleisten will, der stellt letztlich alles zur Disposition, was der Rechtsstaat an Regeln zur Vorbeugung, Aufklärung und Verfolgung von Straftaten eingeführt hat. Wer den großen Kehraus veranstaltet, der kehrt, angeblich oder vermeintlich zur Verteidigung des Rechtsstaates, genau das weg, weswegen dieser Rechtsstaat verteidigt werden muss. Dann stirbt die Freiheit an ihrer Verteidigung.

Die Rechtspolitik der letzten zwanzig Jahre hat funktioniert wie Bleigießen. Beim Bleigießen ist es so: Die Masse ist heiß, man hält sie am Kochen, gießt sie in eine Form – und lässt sie dort hart werden. Auf diese Weise sind die Strafgesetze gegen den RAF-Terrorismus entstanden, so kamen und kommen die Paragraphen gegen die Organisierte Kriminalität zustande, so

machte und macht man es nach aufsehenerregenden Gewalttaten und so wurde es im ganz großen Stil nach den Attentaten
vom 11. September 2001 betrieben. Was die westlichen Demokratien als Kampf gegen den Terrorismus bezeichnen, ist bei
milder Betrachtung Flucht: Sie stellen sich der Bedrohung, in-
dem sie vor ihr davonlaufen und dabei die Werte wegwerfen, auf
die sie einst stolz waren. Die archaische Kultur von Minos hat
dem Minotaurus alljährlich ihre Kinder geopfert, um Sicherheit
zu gewinnen. Eine demokratische Kultur, die ihre Prinzipien dem
Terrorismus in den Rachen wirft, handelt nicht anders.

Der Rechtsstaat übernimmt so selbst die Zerstörung dessen,
was ihn ausmacht. Wie soll der Staat aussehen, in dem unsere
Enkel leben? Mauern um die Ghettos der Reichen? Die Grundrechte auf dem Friedhof? Die arbeitslosen Jugendlichen in der
Strafanstalt? Das Land unter Videoüberwachung? Leben unsere
Enkel in einem Staat, der alles sieht, nur nicht , wie es dazu
kommt? Früher galt der Satz: »Jeder ist seines Glückes
Schmied.« Junge Menschen, die in sozialen Randlagen geworfen sind und keine Arbeit haben, können aber nichts schmieden.
Der alte Satz, wonach die beste Kriminalpolitik eine gute Sozi-
alpolitik ist, gilt auch in einer globalisierten Welt.

Ein Rechtsstaat, der ständig sein Recht verkürzt und verun-
treut, ist nicht stark, sondern schwach. Er hat keine Autorität,
sondern verliert sie im beständigen Versuch, sie legislativ beweisen zu wollen. Stark ist nicht der Staat, der seinen Bürgern mit
einem Generalverdacht entgegentritt und der jedem grundsätzlich misstraut. Stark ist ein Staat, der Vertrauen schafft; dem
misanthropischen Staat gelingt das nicht.

Aufgeklärte Politik muss also den Begriff des starken Staates
zurückerobern. Und dann muss sie ihre Stärke zeigen.

Stark ist der Staat, der seine Prinzipien verteidigt.Das Lied
der Deutschen heißt »Einigkeit und Recht und Freiheit«. Es
heißt nicht »Sicherheit und Recht und Ordnung«.

Chomsky im Europa Verlag

Chomsky im Europa Verlag

Standardwerke zur NS-Zeit

Standardwerke zur NS-Zeit

Wolfgang Mönninghoff
Die Enteignung der Juden
Wunder der Wirtschaft –
Erbe der Deutschen

Gebunden, 3-203-80075-6

Die Enteignung von Juden und ihre Ausschaltung aus der Wirtschaft und allen möglichen Ämtern wurde jahrzehntelang verleugnet – aber profitiert wird von der »Arisierung« heute noch. Wolfgang Mönninghoff nennt Täter wie auch Opfer und stellt das Wunder der Wirtschaft und das Erbe der Deutschen in Frage.

Ulrich Völklein
Geschäfte mit dem Feind
Die geheime Allianz des großen Geldes während des Zweiten Weltkriegs auf beiden Seiten der Front

Gebunden, 3-203-83700-5

Erst jetzt hat das Nationalarchiv in Washington bislang gesperrte Bestände über die Kollaboration der Kriegsgewinner freigegeben. Auf Grundlage der Archivalien legt Ulrich Völklein die erste Dokumentation dieses speziellen Kapitels deutsch-amerikanischer Freundschaft vor.

EUROPA
VERLAG
www.europaverlag.de